NEGOCIAÇÃO PERSUASIVA

O CAMINHO DIRETO PARA
ACORDOS DE SUCESSO

MARCOS LEONI
2024

Marcos David Rodrigues (Marcos Leoni)

Marcos Leoni é um especialista em treinamento focado no desenvolvimento de técnicas e mentalidades para impulsionar o crescimento, aumentar a lucratividade e melhorar a produtividade em diversas áreas profissionais.
Ele se dedica especialmente à capacitação de vendedores e equipes correlatas, como marketing, atendimento ao cliente, suporte e pós-venda. Marcos Leoni também se concentra em aprimorar os relacionamentos com clientes, internos e externos, visando maior eficácia e eficiência nas interações comerciais e de suporte.
Com mais de 18 anos de experiência como palestrante na área de vendas, Marcos Leoni já impactou mais de 15.000 pessoas através de suas apresentações. Ao longo de sua carreira, ele tem se destacado em palestras, treinamentos e consultoria.
Marcos Leoni possui um total de 34 anos de experiência na área de vendas, dedicando-se ao estudo contínuo e à aplicação de diversas técnicas e ferramentas para aprimorar sua prática profissional.

Prefácio:

Negociar é uma arte que requer não apenas habilidades técnicas, mas também uma capacidade essencial de influenciar e persuadir. A negociação persuasiva, em particular, destaca-se por sua habilidade em conduzir as partes envolvidas em direção a acordos mutuamente benéficos, utilizando uma comunicação eficaz e estratégias psicológicas bem fundamentadas.

Em "Negociação Persuasiva O Caminho Direto para Acordos de Sucesso" exploramos profundamente o conceito de negociação persuasiva. Aqui, o negociador busca influenciar as decisões e comportamentos da outra parte para alcançar um acordo que atenda aos interesses de ambos os lados. Diferente da manipulação, que visa obter vantagens unilaterais às custas do outro, a persuasão na negociação busca construir um entendimento mútuo e uma cooperação sustentável.

Nos capítulos que seguem, apresentamos técnicas e estratégias de persuasão que podem ser aplicadas em diversos contextos, desde o ambiente corporativo até negociações do dia a dia. Através de exemplos práticos, estudos de caso e insights teóricos, esperamos fornecer uma compreensão abrangente de como a persuasão pode transformar a maneira como abordamos a negociação, permitindo-nos alcançar resultados mais satisfatórios e duradouros.

Desejamos que este livro sirva como um guia e uma fonte de inspiração para todos aqueles que buscam aprimorar suas habilidades de negociação. Que ele contribua para a construção de relações mais fortes e produtivas e que cada leitor possa encontrar aqui o caminho direto para acordos de sucesso.

Sumário:

CAPÍTULO 1 - INTRODUÇÃO À NEGOCIAÇÃO PERSUASIVA 12
    O Conceito De Negociação Persuasiva 12
    Elementos Fundamentais Da Negociação Persuasiva: .. 12
    Diferenças Entre Persuasão E Manipulação 13
    Objetivos Deste Livro 14
    Importância Da Negociação Persuasiva Para Alcançar Acordos Vantajosos 14
    Construindo Entendimento Mútuo 15
    Maximizando Benefícios Para Ambas As Partes 15
    Fomentando Relacionamentos Duradouros 15
    Ética E Credibilidade 16
    Como A Persuasão Se Diferencia Da Manipulação 17
    Definição E Propósito: 17
    Métodos E Técnicas: 18
    Intenções E Ética: 18
    Impacto Nos Relacionamentos: 19

CAPÍTULO 2 - FUNDAMENTOS DA PERSUASÃO NA NEGOCIAÇÃO 20
    Princípios Psicológicos Da Persuasão: 20
    Teorias De Influência E Persuasão: 21
    Aplicação Prática Na Negociação: 22
    Princípios Psicológicos Essenciais Para A Persuasão Eficaz 23
    Reciprocidade: O Poder Do Dar E Receber 23
    Autoridade: A Influência Da Credibilidade 24
    Compromisso E Coerência: A Força Da Consistência 24
    Escassez: A Percepção De Valor 24
    Teorias De Influência De Cialdini E Sua Aplicação Prática Na Negociação 26
    Princípios De Influência De Cialdini 26

Aplicação Prática Na Negociação:....................... 27
CAPÍTULO 3 - PREPARAÇÃO ESTRATÉGICA: A CHAVE PARA O SUCESSO.. 30
Entendendo A Preparação Estratégica..................... 30
Passos Para Uma Preparação Estratégica Eficiente:..... 30
Benefícios Da Preparação Estratégica:....................32
Como Se Preparar Adequadamente Para Uma Negociação Persuasiva.. 33
Análises De Interesses, Batna (Melhor Alternativa Para Um Acordo Negociado) E Zopa (Zona De Possível Acordo).. 36
Análise De Interesses.. 37
BATNA - Melhor Alternativa Para Um Acordo Negociado... 37
Compreendendo O BATNA:................................. 37
Exemplo Prático:...38
Importância Do BATNA:..................................... 39
ZOPA (Zona De Possível Acordo) - O Que É ZOPA?..... 40
Compreendendo A ZOPA:................................... 40
Exemplo Prático:...41
Importância Da ZOPA:....................................... 41
Estratégias Para Utilização Efetiva......................... 43
CAPÍTULO 4 - CONSTRUINDO RELACIONAMENTOS DE CONFIANÇA...45
Importância Da Confiança Na Negociação................. 45
Princípios Para Construir Confiança:.......................45
Estratégias Para Construção De Relacionamentos De Confiança:.. 46
Lidando Com Desafios E Conflitos:........................47
Benefícios De Relacionamentos De Confiança:........... 47
A Importância Da Confiança Mútua Na Negociação Persuasiva..48
Fundamentos Da Confiança Mútua........................ 49

Elementos Chave Da Confiança Mútua: 49
Impacto Da Confiança Na Negociação Persuasiva: 50
Estratégias Para Construir Confiança Mútua: 50
Estratégias Para Desenvolver E Manter Relacionamentos Positivos 52
Fundamentos Dos Relacionamentos Positivos 52
Estratégias Para Desenvolver Relacionamentos Positivos: 52
Estratégias Para Manter Relacionamentos Positivos: 53
Benefícios De Relacionamentos Positivos: 54

CAPÍTULO 5 - COMUNICAÇÃO PERSUASIVA: TÉCNICAS E ESTRATÉGIAS 56

Técnicas Essenciais De Comunicação Persuasiva: 56
Estratégias Avançadas De Comunicação Persuasiva: ... 58
Aplicação Da Comunicação Persuasiva Na Negociação. 59
Técnicas Avançadas De Comunicação Verbal E Não Verbal 59
Comunicação Verbal: 60
Comunicação Não Verbal: 61
Estratégias Integradas: 61
Aplicação Prática 62
Como Adaptar O Estilo De Comunicação Para Diferentes Personalidades E Culturas 63
Reconhecendo Diferenças Individuais: 63
Considerando Diferenças Culturais 64
Estratégias Práticas De Adaptação: 64
Aplicação Prática Em Contextos Profissionais 65

CAPÍTULO 6 - MANEJANDO OBJEÇÕES E RESISTÊNCIAS 67

Entendendo Objeções E Resistências - O Que São Objeções? 67
Estratégias Para Manejar Objeções: 68
Técnicas Avançadas Para Superar Resistências: 69

Narrativas Pessoais Ou De Casos De Estudo Podem Ajudar A Tornar Sua Mensagem Mais Relevante E Memorável............ 69
Estratégias Para Lidar Com Objeções De Forma Construtiva............ 70
Compreendendo As Objeções:............ 70
Estratégias Para Lidar Com Objeções:............ 71
Ofereça Alternativas E Compromissos............ 71
Técnicas Avançadas Para Superar Objeções:............ 72
Transformando Resistências Em Pontos De Acordo...... 73
Compreendendo A Natureza Das Resistências:............ 73
Estratégias Para Transformar Resistências Em Pontos De Acordo:............ 73
Técnicas Avançadas Para Transformar Resistências:.... 75

CAPÍTULO 7 - TÁTICAS AVANÇADAS DE PERSUASÃO... 76

Preparação Estratégica:............ 77
Criação De Credibilidade:............ 77
Estabelecimento De Conexão Emocional:............ 77
Técnicas De Persuasão Avançadas:............ 78
Gestão De Objeções E Resistências:............ 78
Fechar Com Eficácia:............ 78
Avaliação E Ajustes:............ 79
Aplicação Prática............ 79
Estudos De Caso E Exemplos De Técnicas Persuasivas Bem-Sucedidas............ 80
Estudo De Caso 1: Persuasão Na Publicidade............ 80
Técnica Utilizada: Escassez............ 80
Estudo De Caso 2: Persuasão Na Política............ 80
Técnica Utilizada: Reciprocidade............ 81
Estudo De Caso 3: Persuasão Na Negociação............ 81
Técnica Utilizada: Prova Social............ 81

Estudo De Caso 4: Persuasão Na Educação................ 81
Técnica Utilizada: Autoridade.................................... 82
Análise E Lições Aprendidas...................................... 82
Aplicação Prática.. 83
Táticas Específicas Para Negociações Complexas E Desafiadoras.. 83
Análise Profunda Do Contexto:................................. 84
Planejamento Estratégico:... 84
Técnicas Avançadas De Comunicação:...................... 84
Gestão De Relacionamentos:..................................... 85
Negociação Baseada Em Princípios:.......................... 85
Táticas Específicas:... 86
Flexibilidade E Adaptabilidade:.................................. 86
Encerramento Estratégico:.. 86
Aplicação Prática:... 87

CAPÍTULO 8 - FECHANDO O ACORDO: ESTRATÉGIAS PARA SUCESSO.. 88

Técnicas Finais Para Fechar Acordos Vantajosos E Duradouros.. 91
Negociação De Condições E Compromissos De Forma Persuasiva.. 93

CAPÍTULO 9 - ÉTICA NA NEGOCIAÇÃO PERSUASIVA 97

Considerações Éticas Ao Aplicar Técnicas Persuasivas Na Negociação... 100
Como Manter A Integridade Pessoal E Profissional Durante O Processo... 102

CAPÍTULO 10 - ADAPTANDO-SE AO FUTURO DA NEGOCIAÇÃO... 106

Perspectivas Futuras E Tendências Na Negociação Persuasiva... 109
Educação E Desenvolvimento Profissional................ 111
Como Se Preparar Para Mudanças E Inovações No Campo Da Negociação... 111

CONCLUSÃO - O CAMINHO DIRETO PARA ACORDOS DE SUCESSO 115
   Recapitulação Dos Princípios-Chave Da Negociação Persuasiva 115
      Preparação: A Chave para a Confiança e o Controle... 115
      Comunicação: O Poder das Palavras e da Escuta Ativa 116
      Relacionamentos: A Base para Negociações Sustentáveis 116
      Flexibilidade: Adaptando-se às Mudanças e Oportunidades 116
      Ética: Fundamento de Relações Duradouras e Respeitosas 117
      Rumo ao Futuro: Continuando a Aperfeiçoar e Inovar 117
   Passos Para Continuar Desenvolvendo Habilidades De Persuasão Ao Longo Da Vida Profissional 118
      Educação Continuada e Aprendizado Ativo 118
      Prática Regular e Feedback Construtivo 118
      Desenvolvimento de Habilidades Complementares..... 119
      Networking e Construção de Relacionamentos 119
      Feedback e Autoavaliação Constante 120
      Adaptabilidade e Resiliência 121
FRASES QUE IMPULSIONAM SUAS VENDAS: A ARTE DA NEGOCIAÇÃO 122
GLOSSÁRIO DE TERMOS RELACIONADOS À NEGOCIAÇÃO E PERSUASÃO 128
REFERÊNCIAS E SUGESTÃO DE LEITURA 145
   Livros Sobre Persuasão E Influência: 145
   Livros Sobre Negociação: 146
   Outras Referências e Recursos: 147

CAPÍTULO 1 - INTRODUÇÃO À NEGOCIAÇÃO PERSUASIVA

Negociar é uma arte que envolve não apenas habilidades técnicas, mas também uma capacidade essencial de influenciar e persuadir. A negociação persuasiva, em particular, destaca-se por sua habilidade em conduzir as partes envolvidas em direção a acordos mutuamente benéficos através de uma comunicação eficaz e estratégias psicológicas bem fundamentadas.

O Conceito De Negociação Persuasiva

Negociação persuasiva é o processo pelo qual um negociador busca influenciar as decisões e comportamentos da outra parte de forma a alcançar um acordo que atenda aos interesses de ambas as partes. Ao contrário da manipulação, que visa a obter vantagens unilaterais às custas do outro, a persuasão na negociação visa construir um entendimento mútuo e uma cooperação sustentável.

Elementos Fundamentais Da Negociação Persuasiva:

Compreensão dos Interesses: Um negociador persuasivo começa por compreender não apenas as próprias necessidades e objetivos, mas também os interesses e motivações da outra parte. Isso permite que sejam exploradas soluções criativas que maximizem os benefícios para ambos os lados.

Construção de Relacionamentos: A confiança é a base da persuasão eficaz. Construir e manter relacionamentos de confiança ao longo do processo de negociação é essencial para criar um ambiente onde as ideias possam ser compartilhadas abertamente e os compromissos possam ser alcançados de maneira construtiva.

Comunicação Eficaz: A habilidade de comunicar de forma clara, empática e persuasiva é fundamental. Isso inclui não apenas o que é dito verbalmente, mas também como é dito e como se comporta não verbalmente durante as interações.

Adaptação Estratégica: Cada negociação é única, exigindo uma abordagem estratégica adaptada ao contexto específico e às personalidades envolvidas. Saber quando usar diferentes técnicas de persuasão e como ajustar a estratégia conforme a situação é crucial para o sucesso.

Diferenças Entre Persuasão E Manipulação

É importante distinguir entre persuasão e manipulação na negociação. Enquanto a persuasão visa alcançar um acordo vantajoso para ambas as partes, a manipulação busca explorar ou enganar a outra parte para obter benefícios unilaterais. A ética desempenha um papel fundamental na negociação persuasiva, garantindo que todas as partes se beneficiem de maneira justa e transparente.

Objetivos Deste Livro

Este livro visa explorar profundamente os princípios e técnicas da negociação persuasiva, fornecendo aos leitores as ferramentas necessárias para se tornarem negociadores eficazes e éticos. Ao longo dos próximos capítulos, exploraremos desde os fundamentos psicológicos da persuasão até estratégias avançadas para lidar com desafios e alcançar acordos de sucesso. Prepare-se para descobrir como aplicar a arte da persuasão de forma estratégica e ética em suas negociações, transformando desafios em oportunidades e construindo relacionamentos duradouros baseados na confiança mútua e no benefício mútuo.

Importância Da Negociação Persuasiva Para Alcançar Acordos Vantajosos

A negociação persuasiva emerge como um pilar fundamental no panorama das relações comerciais contemporâneas. Ao contrário de uma abordagem unilateral ou coercitiva, a persuasão na negociação enfatiza a criação de um ambiente colaborativo onde ambas as partes se sintam valorizadas e ouvidas. Essa abordagem não apenas facilita a resolução de conflitos, mas também promove a construção de relacionamentos duradouros e mutuamente benéficos.

Construindo Entendimento Mútuo

Em uma negociação persuasiva, o objetivo não se limita apenas a alcançar um acordo formal, mas sim a criar um entendimento compartilhado dos interesses e necessidades de ambas as partes. Este processo envolve um profundo engajamento para compreender não apenas o que é dito explicitamente, mas também as motivações subjacentes e os objetivos ocultos. Ao estabelecer este entendimento mútuo, os negociadores podem explorar soluções que atendam aos interesses de todos os envolvidos, promovendo um clima de confiança e cooperação.

Maximizando Benefícios Para Ambas As Partes

A persuasão na negociação não se limita a simplesmente convencer a outra parte a aceitar suas propostas. Pelo contrário, busca-se criar valor através da identificação de pontos de convergência e da exploração de oportunidades para ambas as partes. Isso pode incluir a criação de acordos que vão além do simples intercâmbio de concessões, visando maximizar benefícios mútuos e sustentar relações comerciais saudáveis a longo prazo.

Fomentando Relacionamentos Duradouros

Um dos maiores benefícios da abordagem persuasiva na negociação é a capacidade de construir relacionamentos duradouros e colaborativos. Ao invés de tratativas baseadas em uma única transação, a persuasão incentiva a construção de parcerias robustas onde o respeito mútuo e a transparência são valorizados. Esses relacionamentos não apenas facilitam futuras negociações, mas também proporcionam uma base sólida para enfrentar desafios e explorar novas oportunidades de forma conjunta.

Ética E Credibilidade

Um aspecto crucial da negociação persuasiva é a ética. Ao priorizar a honestidade, a integridade e o respeito mútuo, os negociadores não apenas fortalecem sua credibilidade, mas também contribuem para um ambiente de negócios mais justo e sustentável.

A ética na persuasão impulsiona a construção de uma reputação positiva e confiável, essencial para a continuidade e o crescimento das relações comerciais.

Em resumo, a negociação persuasiva não é apenas uma habilidade valiosa, mas uma filosofia que transforma desafios em oportunidades e conflitos em colaboração.

Ao colocar em prática os princípios da persuasão na negociação, os negociadores não só aumentam suas chances de alcançar acordos vantajosos, mas também contribuem para um ambiente empresarial mais humano, ético e próspero. Este livro explora esses conceitos de forma detalhada, oferecendo insights e estratégias para aqueles que desejam dominar a arte de negociar com persuasão e sucesso.

Como A Persuasão Se Diferencia Da Manipulação

Entender a distinção entre persuasão e manipulação é essencial para qualquer pessoa envolvida em negociações, comunicações interpessoais e decisões importantes. Enquanto ambas buscam influenciar as decisões de outras pessoas, seus métodos e intenções são fundamentais para determinar sua natureza ética e impacto nos relacionamentos.

Definição E Propósito:

Persuasão envolve a utilização de argumentos lógicos, emoções adequadas e informações relevantes para convencer alguém a adotar uma determinada posição ou tomar uma decisão específica. Seu propósito é construir consenso genuíno e alcançar um acordo que seja mutuamente benéfico, levando em consideração os interesses e necessidades de ambas as partes envolvidas.

Por outro lado, **manipulação** refere-se ao uso de técnicas enganosas, coercitivas ou fraudulentas para influenciar alguém a agir de acordo com os interesses do manipulador, muitas vezes em detrimento da pessoa manipulada. O manipulador pode explorar fraquezas, emoções negativas ou informações falsas para alcançar seus objetivos, sem considerar o impacto negativo sobre a outra parte.

Métodos E Técnicas:

Persuasão utiliza métodos transparentes e éticos, baseados em argumentos sólidos, evidências concretas e uma comunicação clara. Envolve o estabelecimento de confiança, respeito mútuo e a apresentação honesta de opções e consequências.

Por outro lado, **manipulação** muitas vezes opera de maneira dissimulada e sub-reptícia. Pode incluir técnicas como chantagem emocional, promessas vazias, distorção da verdade, ou até mesmo ameaças veladas para induzir a outra parte a tomar decisões contra seus próprios interesses.

Intenções E Ética:

Persuasão é fundamentada na intenção de alcançar um resultado positivo para ambas as partes envolvidas. Busca o consenso através do entendimento mútuo, transparência e respeito pelas escolhas e decisões individuais.

Por outro lado, **a manipulação** é motivada pela busca de benefício unilateral, muitas vezes às custas da integridade e bem-estar da outra pessoa. Seus métodos são frequentemente calculados para beneficiar o manipulador sem considerar as consequências prejudiciais para o manipulado.

Impacto Nos Relacionamentos:

Enquanto a **persuasão** fortalece os relacionamentos ao construir confiança e promover um entendimento compartilhado, a **manipulação** mina a confiança e pode levar a ressentimento, desconfiança e rupturas nos relacionamentos interpessoais e profissionais.

Em resumo, a distinção entre persuasão e manipulação reside não apenas nos métodos empregados, mas principalmente nas intenções por trás desses métodos. Ao praticar a persuasão de maneira ética e responsável, os indivíduos não só alcançam resultados positivos, mas também cultivam relacionamentos sustentáveis baseados em confiança e respeito mútuo. Este livro explora esses conceitos em profundidade, fornecendo insights valiosos e estratégias práticas para distinguir entre persuasão legítima e manipulação prejudicial em diversas situações da vida pessoal e profissional.

CAPÍTULO 2 - FUNDAMENTOS DA PERSUASÃO NA NEGOCIAÇÃO

A persuasão é uma habilidade essencial para qualquer negociador que busca alcançar acordos vantajosos e construir relacionamentos sólidos. Na negociação, a capacidade de influenciar positivamente as decisões das partes envolvidas não apenas aumenta as chances de alcançar um acordo satisfatório, mas também fortalece a confiança e a cooperação mútua.

Princípios Psicológicos Da Persuasão:

A persuasão na negociação é fundamentada em diversos princípios psicológicos que ajudam a compreender como as pessoas tomam decisões e respondem a estímulos persuasivos. Alguns dos princípios mais relevantes incluem:

Reciprocidade: A tendência das pessoas em retribuir favores e gestos. Na negociação, oferecer concessões ou benefícios pode incentivar a outra parte a fazer o mesmo, criando um clima de reciprocidade positiva.

Autoridade: A influência que pessoas com autoridade percebida têm sobre os outros. Na negociação, demonstrar conhecimento, experiência e credibilidade podem aumentar a persuasão de um negociador.

Compromisso e coerência: O desejo das pessoas de serem consistentes com suas próprias palavras, crenças e ações passadas. Na negociação, obter pequenos compromissos iniciais pode levar a compromissos maiores no decorrer do processo.

Escassez: A percepção de que algo é mais valioso quando é escasso ou difícil de obter. Na negociação, destacar a exclusividade de uma oferta ou a limitação de tempo pode aumentar seu valor persuasivo.

Teorias De Influência E Persuasão:

Além dos princípios psicológicos, diversas teorias acadêmicas fornecem insights adicionais sobre como influenciar eficazmente as decisões nas negociações. Algumas das teorias mais reconhecidas incluem:

Teoria da Persuasão de Elaboração Sistemática (TES): Propõe que as pessoas processam a informação de maneira central (racional) ou periférica (emocional), dependendo do nível de envolvimento e motivação.

Teoria da Dissonância Cognitiva: Sugere que as pessoas buscam consistência entre suas crenças, atitudes e comportamentos, e que a redução da dissonância pode ser uma motivação para mudar de opinião ou comportamento.

Teoria da Persuasão Social: Explora como fatores sociais e contextuais influenciam a persuasão, como a influência de líderes de opinião e normas sociais.

Aplicação Prática Na Negociação:

Na prática, a aplicação dos fundamentos da persuasão na negociação envolve uma combinação de estratégias e técnicas adaptadas ao contexto específico e às personalidades envolvidas. Isso inclui:

Adaptação do Discurso: Ajustar o estilo de comunicação para melhor se alinhar com as preferências e motivações da outra parte.

Utilização de Provas e Evidências: Apresentar informações relevantes e dados concretos que apoiem as propostas feitas durante a negociação.

Construção de Relacionamentos: Estabelecer e cultivar confiança ao longo do tempo, demonstrando consistência e respeito pelos interesses da outra parte.

Dominar os fundamentos da persuasão na negociação não é apenas uma questão de técnica, mas também de compreensão profunda das dinâmicas humanas e dos princípios psicológicos subjacentes. Ao incorporar esses princípios e teorias em suas estratégias de negociação, os negociadores podem aumentar significativamente suas chances de alcançar acordos vantajosos e duradouros, enquanto fortalecem relacionamentos baseados em confiança e respeito mútuo.

Princípios Psicológicos Essenciais Para A Persuasão Eficaz

A persuasão eficaz na negociação não se resume apenas a técnicas superficiais; ela fundamenta-se em princípios psicológicos profundos que influenciam as decisões e comportamentos humanos. Dominar esses princípios não só aumenta a eficácia do negociador, mas também fortalece a capacidade de construir relacionamentos sólidos e alcançar acordos mutuamente benéficos.

Reciprocidade: O Poder Do Dar E Receber

Um dos princípios fundamentais da persuasão é a reciprocidade. As pessoas têm uma tendência natural a retribuir favores, gestos e concessões. Na negociação, oferecer algo de valor inicialmente pode criar um sentimento de obrigação na outra parte, aumentando a predisposição para aceitar propostas subsequentes. Isso não significa simplesmente conceder algo sem valor em troca, mas sim iniciar o processo de negociação com um gesto que demonstre boa vontade e abertura para colaboração mútua.

Autoridade: A Influência Da Credibilidade

Outro princípio importante é a autoridade. As pessoas tendem a seguir aqueles que são considerados especialistas ou líderes em determinado campo. Na negociação, demonstrar conhecimento profundo, experiência relevante e credibilidade pode aumentar significativamente a persuasão do negociador. Isso pode ser alcançado através da apresentação de evidências sólidas, referências de clientes satisfeitos, certificações ou até mesmo pela forma como o negociador se posiciona e se comunica durante o processo.

Compromisso E Coerência: A Força Da Consistência

O princípio de compromisso e coerência sugere que as pessoas têm uma forte tendência a manterem-se consistentes com suas palavras, crenças e ações passadas. Na negociação, obter pequenos compromissos iniciais pode criar um padrão de concordância e predisposição para aceitar compromissos maiores no decorrer do processo. Isso pode ser alcançado através da obtenção de concordâncias iniciais em pontos menores e na construção de um relacionamento de confiança ao longo do tempo.

Escassez: A Percepção De Valor

O princípio da escassez explora a percepção de que algo é mais desejável quando é limitado em quantidade ou disponibilidade. Na negociação, destacar a exclusividade de uma oferta, a limitação de tempo para tomar uma decisão ou a quantidade limitada de um produto pode aumentar seu valor percebido e a urgência de agir. Isso pode motivar a outra parte a fechar o acordo mais rapidamente ou a conceder termos mais favoráveis para garantir acesso ao que está sendo oferecido.

Consistência com Valores e Identidade: Por fim, a persuasão eficaz também envolve alinhar propostas e argumentos com os valores, identidade e interesses pessoais da outra parte. Ao fazer isso, o negociador não apenas aumenta a relevância de suas propostas, mas também facilita uma conexão emocional que pode fortalecer a persuasão e o comprometimento com o acordo.

Dominar os princípios psicológicos essenciais para a persuasão eficaz não é apenas uma questão de técnica, mas de compreensão profunda das dinâmicas humanas e motivacionais. Ao aplicar esses princípios de forma ética e estratégica na negociação, os negociadores podem aumentar significativamente suas chances de sucesso, construindo relacionamentos sólidos e alcançando acordos que beneficiem todas as partes envolvidas. Este capítulo oferece um ponto de partida para explorar esses princípios mais profundamente e integrá-los de maneira eficaz em suas práticas de negociação.

Teorias De Influência De Cialdini E Sua Aplicação Prática Na Negociação

Robert Cialdini, renomado psicólogo social, identificou seis princípios universais que influenciam as decisões humanas em sua obra seminal "Influence: The Psychology of Persuasion". Esses princípios, quando compreendidos e aplicados adequadamente, não apenas aumentam a eficácia da persuasão, mas também facilitam a construção de relacionamentos sólidos e a obtenção de acordos mutuamente benéficos na negociação.

Princípios De Influência De Cialdini

Reciprocidade: Este princípio enfatiza a tendência das pessoas em retribuir favores. Na negociação, oferecer algo de valor inicialmente, como informações úteis, uma concessão generosa ou um gesto de cortesia, pode estabelecer um senso de obrigação na outra parte para retribuir de alguma forma.

Compromisso e Coerência: As pessoas têm uma forte tendência a serem consistentes com suas palavras, crenças e ações passadas. Na negociação, obter compromissos pequenos e progressivos pode criar um padrão de concordância que aumenta a probabilidade de aceitação de propostas maiores no futuro.

Prova Social: As pessoas tendem a seguir o comportamento da maioria, especialmente em situações de incerteza. Na negociação, demonstrar que outros clientes ou parceiros estão satisfeitos com seus produtos ou serviços pode influenciar positivamente a decisão da outra parte.

Autoridade: A influência de pessoas que são vistas como figuras de autoridade. Na negociação, demonstrar conhecimento especializado, credenciais relevantes ou referências de autoridade pode aumentar a persuasão e a confiança da outra parte nas propostas apresentadas.

Afeição: A influência de gostar das pessoas e ser gostado por elas. Na negociação, construir um relacionamento genuíno e demonstrar empatia pode facilitar a cooperação e o comprometimento com o acordo.

Escassez: A percepção de que algo é mais valioso quando é escasso ou difícil de obter. Na negociação, destacar a exclusividade de uma oferta ou a limitação de tempo para aceitar uma proposta pode aumentar seu valor percebido e a urgência de ação da outra parte.

Aplicação Prática Na Negociação:

Para aplicar eficazmente as teorias de influência de Cialdini na negociação, é essencial entender o contexto específico e as necessidades das partes envolvidas. Aqui estão algumas estratégias práticas:

Utilização de Reciprocidade: Inicie a negociação oferecendo algo de valor inicialmente, como uma concessão ou uma informação relevante que possa beneficiar a outra parte.

Estabelecimento de Compromisso: Comece obtendo pequenos compromissos que estejam alinhados com os interesses da outra parte, criando um padrão de concordância que facilite a aceitação de propostas maiores posteriormente.

Demonstração de Prova Social e Autoridade: Apresente casos de sucesso de clientes anteriores ou evidências de sua autoridade no campo específico da negociação para aumentar a credibilidade e persuasão.

Construção de Relacionamentos: Invista tempo em construir um relacionamento de confiança, demonstrando empatia e interesse genuíno pelas necessidades e preocupações da outra parte.

Criação de Escassez Controlada: Destaque a exclusividade de sua oferta ou a limitação de tempo para aceitação, incentivando a outra parte a tomar uma decisão rápida para aproveitar a oportunidade.

As teorias de influência de Cialdini oferecem um conjunto valioso de princípios psicológicos que podem ser aplicados com sucesso na negociação para aumentar a persuasão e alcançar acordos favoráveis. Ao compreender esses princípios e integrá-los estrategicamente em suas abordagens de negociação, os negociadores podem não apenas melhorar seus resultados, mas também fortalecer os relacionamentos comerciais baseados em confiança, cooperação e benefícios mútuos. Este capítulo serve como um guia introdutório para explorar e aplicar esses princípios de forma eficaz em diversas situações de negociação.

CAPÍTULO 3 - PREPARAÇÃO ESTRATÉGICA: A CHAVE PARA O SUCESSO

Na negociação, a preparação estratégica desempenha um papel crucial na determinação do resultado final. É através da análise cuidadosa, do planejamento meticuloso e da antecipação das diferentes variáveis que os negociadores podem maximizar suas chances de alcançar acordos vantajosos e sustentáveis. Este capítulo explora a importância da preparação estratégica e oferece um guia detalhado sobre como se preparar de forma eficaz para negociações bem-sucedidas.

Entendendo A Preparação Estratégica

A preparação estratégica na negociação envolve reunir informações relevantes, analisar o contexto da negociação e desenvolver uma abordagem que leve em consideração os interesses, motivações e preferências das partes envolvidas. É o processo de construir uma base sólida de conhecimento e planejamento que orientará as decisões e ações durante o processo de negociação.

Passos Para Uma Preparação Estratégica Eficiente:

Definição de Objetivos Claros: Estabelecer metas específicas e realistas que se alinhem com os interesses e prioridades da organização ou indivíduo que está negociando. Esses objetivos devem ser mensuráveis e alcançáveis, proporcionando uma direção clara para a negociação.

Análise de Informações: Coletar e analisar informações relevantes sobre a outra parte, incluindo histórico de negociações anteriores, posição no mercado, necessidades percebidas, pontos fortes e fracos, entre outros. Quanto mais profundo for o entendimento, mais preparado estará o negociador para antecipar movimentos e ajustar sua estratégia.

Identificação de Alternativas e Opções: Desenvolver um conjunto de alternativas e opções que possam ser exploradas durante a negociação. Isso inclui considerar diferentes cenários e possíveis concessões que possam ser feitas sem comprometer os objetivos principais.

Desenvolvimento de Estratégias e Táticas: Com base na análise e nas informações coletadas, desenvolver estratégias e táticas específicas que ajudem a alcançar os objetivos estabelecidos. Isso pode envolver a seleção de abordagens de comunicação, técnicas de persuasão e formas de lidar com possíveis objeções ou resistências.

Planejamento de Comunicação e Negociação: Preparar uma estratégia de comunicação clara e eficaz, que leve em conta o estilo e as preferências da outra parte. Isso inclui a preparação de argumentos sólidos, a prática de habilidades de escuta ativa e a antecipação de perguntas ou preocupações que possam surgir durante a negociação.

Benefícios Da Preparação Estratégica:

A preparação estratégica não apenas aumenta as chances de alcançar acordos favoráveis, mas também proporciona outros benefícios significativos:

Confiança e Segurança: O conhecimento profundo do assunto e das circunstâncias da negociação aumenta a confiança do negociador e reduz a incerteza.

Flexibilidade e Resiliência: Estar bem preparado permite ao negociador adaptar-se rapidamente a mudanças inesperadas ou novas informações durante a negociação.

Criação de Valor: A preparação estratégica facilita a identificação de oportunidades para criar valor e encontrar soluções criativas que beneficiem ambas as partes.

Redução de Conflitos: Ao antecipar problemas potenciais e preparar respostas adequadas, a preparação estratégica ajuda a evitar conflitos desnecessários e a manter o foco na colaboração e na obtenção de resultados positivos.

Em resumo, a preparação estratégica é uma disciplina fundamental para qualquer negociador que busca alcançar o sucesso em negociações complexas e desafiadoras. Ao investir tempo e esforço na preparação adequada, os negociadores não apenas aumentam suas chances de obter acordos vantajosos, mas também fortalecem sua capacidade de construir relacionamentos sólidos e duradouros baseados em confiança e respeito mútuo. Este capítulo serve como um guia prático para desenvolver e implementar uma preparação estratégica eficaz em diversas situações de negociação.

Como Se Preparar Adequadamente Para Uma Negociação Persuasiva

Preparar-se adequadamente para uma negociação persuasiva é essencial para aumentar suas chances de sucesso e alcançar acordos que sejam mutuamente benéficos. Esta preparação não se resume apenas a reunir informações básicas; envolve um processo estratégico e meticuloso que incorpora análise profunda, planejamento cuidadoso e desenvolvimento de habilidades de comunicação eficazes. Neste capítulo, exploraremos passos práticos e estratégias para ajudá-lo a se preparar de forma eficaz para qualquer negociação.

Definição de Objetivos Claros: O primeiro passo para uma preparação eficaz é definir objetivos claros e específicos para a negociação. Estes objetivos devem ser realistas, mensuráveis e alinhados com seus interesses e prioridades. Ter uma compreensão clara do que você espera alcançar durante a negociação ajudará a orientar suas estratégias e decisões ao longo do processo.

Conheça Seu Interlocutor e Seu Contexto: Entender quem você está negociando e o contexto em que a negociação ocorre é fundamental. Faça uma pesquisa detalhada sobre a outra parte: suas necessidades, objetivos, interesses e pontos fortes. Além disso, familiarize-se com o ambiente em que a negociação ocorrerá, incluindo quaisquer fatores externos que possam influenciar o resultado.

Coleta e Análise de Informações Relevantes: Reúna informações relevantes que possam apoiar seus argumentos e propostas durante a negociação. Isso pode incluir dados de mercado, estatísticas relevantes, casos de sucesso anteriores e qualquer informação específica sobre a outra parte que possa ser útil. Analise essas informações cuidadosamente para identificar pontos de vantagem e possíveis áreas de concessão.

Desenvolvimento de Estratégias e Táticas: Com base na análise das informações coletadas, desenvolva estratégias e táticas específicas para alcançar seus objetivos na negociação. Isso pode envolver a definição de suas principais mensagens, argumentos e benefícios para a outra parte, bem como a preparação de alternativas e planos de contingência para diferentes cenários que possam surgir.

Prática de Comunicação e Habilidades de Negociação: Pratique suas habilidades de comunicação e negociação, focando em transmitir suas ideias de forma clara, convincente e persuasiva. Isso inclui praticar técnicas de escuta ativa, fazer perguntas pertinentes e responder de maneira eficaz às objeções da outra parte.

Antecipação de Objeções e Respostas Estratégicas: Antecipe possíveis objeções que a outra parte possa levantar durante a negociação e prepare respostas estratégicas e convincentes. Estar preparado para lidar com objeções de maneira construtiva demonstra sua capacidade de pensar rapidamente e adaptar-se às circunstâncias da negociação.

Construção de Relacionamento e Confiança: Não subestime a importância de construir um relacionamento positivo e de confiança com a outra parte desde o início da negociação. Mostrar empatia, respeito e interesse genuíno pelos interesses da outra parte pode abrir caminho para uma colaboração mais produtiva e para a obtenção de um acordo satisfatório.

Revisão e Ajustes Finais: Antes da negociação, revise cuidadosamente todos os seus planos, estratégias e materiais preparados. Faça ajustes finais conforme necessário para garantir que tudo esteja alinhado com seus objetivos e com as informações mais recentes disponíveis.

Ao seguir esses passos e estratégias para se preparar adequadamente para uma negociação persuasiva, você estará posicionado de maneira mais forte para alcançar seus objetivos e garantir acordos que sejam benéficos para todas as partes envolvidas. A preparação não apenas aumenta suas chances de sucesso, mas também demonstra seu profissionalismo e comprometimento com a obtenção de resultados positivos. Este capítulo oferece um guia prático para ajudá-lo a dominar a arte da preparação estratégica e se destacar em qualquer negociação desafiadora.

Análises De Interesses, Batna (Melhor Alternativa Para Um Acordo Negociado) E Zopa (Zona De Possível Acordo)

Na arte da negociação, compreender e utilizar análises de interesses, BATNA (Melhor Alternativa para um Acordo Negociado) e ZOPA (Zona de Possível Acordo) são fundamentais para alcançar resultados satisfatórios e sustentáveis. Este capítulo explora como esses conceitos podem ser aplicados de maneira estratégica para maximizar as chances de sucesso em qualquer processo de negociação.

Análise De Interesses

Antes de iniciar qualquer negociação, é essencial realizar uma análise profunda dos interesses envolvidos. Os interesses representam as necessidades, preocupações, aspirações e objetivos das partes envolvidas na negociação. Compreender claramente os interesses de todas as partes permite identificar áreas de convergência, onde os interesses podem ser alinhados, e áreas de divergência, que podem exigir maior flexibilidade e criatividade para resolver.

BATNA - Melhor Alternativa Para Um Acordo Negociado

O **BATNA** é um conceito desenvolvido pelo professor Roger Fisher e seus colegas no livro "Getting to Yes: Negotiating Agreement Without Giving In" (Chegando ao Sim: Como Negociar Acordos sem Fazer Concessões), que é amplamente reconhecido como um guia seminal para negociações eficazes. Em sua essência, o BATNA refere-se à alternativa mais favorável disponível para uma parte caso as negociações não resultem em um acordo satisfatório.

Compreendendo O BATNA:

Alternativa Real e Concreta: O BATNA não é uma opção hipotética ou improvável, mas sim uma alternativa viável e realista que uma parte pode seguir caso não se chegue a um acordo durante a negociação atual.

Determinação do Poder de Negociação: Ter um BATNA forte aumenta o poder de negociação de uma parte. Isso ocorre porque, se a outra parte percebe que você tem uma alternativa melhor fora da mesa de negociação, ela pode ser incentivada a fazer concessões para chegar a um acordo que seja mais atraente do que a sua alternativa.

Preparação Estratégica: Identificar e desenvolver um BATNA robusto requer uma preparação estratégica cuidadosa. Isso envolve avaliar e comparar diferentes alternativas disponíveis, considerando aspectos como custos, benefícios, riscos e impactos potenciais de cada alternativa.

Flexibilidade e Criação de Valor: Ter conhecimento do seu BATNA permite que você negocie com mais flexibilidade e criatividade. Você pode explorar soluções que maximizem o valor para ambas as partes, enquanto protege seus interesses fundamentais.

Exemplo Prático:

Por exemplo, imagine que você está negociando a compra de um carro usado. Seu BATNA poderia ser a opção de comprar um carro semelhante de outro vendedor por um preço mais baixo ou em melhores condições. Saber que você tem essa alternativa forte pode influenciar como você negocia com o vendedor atual, tornando-o mais inclinado a aceitar seu preço ou condições.

Importância Do BATNA:

Redução de Pressões e Concessões: Um BATNA forte pode ajudar a evitar pressões indevidas durante a negociação e a resistir a concessões que comprometam seus interesses.

Tomada de Decisões Informadas: Conhecer seu BATNA permite tomar decisões informadas sobre quando aceitar um acordo ou optar por seguir sua alternativa.

Negociações Mais Eficazes: Integrar o conceito de BATNA em suas negociações pode levar a acordos mais sustentáveis e satisfatórios para todas as partes envolvidas.

O BATNA refere-se à melhor alternativa disponível caso a negociação não chegue a um acordo satisfatório. É a sua alternativa ao acordo negociado que determina a sua posição de poder durante a negociação. Quanto melhor for o seu BATNA, maior será sua capacidade de negociar com confiança e resistir a pressões indevidas. Identificar e desenvolver seu BATNA envolve avaliar alternativas realistas e viáveis caso a negociação atual não atenda aos seus interesses de maneira satisfatória.

O BATNA é uma ferramenta poderosa que ajuda as partes a negociar de maneira mais estratégica e eficaz, ao considerar não apenas o que está sendo negociado na mesa, mas também as alternativas viáveis fora dela. Dominar esse conceito pode fazer uma diferença significativa na capacidade de alcançar acordos vantajosos e sustentáveis em diversas situações de negociação.

ZOPA (Zona De Possível Acordo) - O Que É ZOPA?

ZOPA, ou Zona de Possível Acordo (em inglês, Zone of Possible Agreement), é uma faixa ou intervalo onde as expectativas de ambas as partes em uma negociação se sobrepõem e onde é possível alcançar um acordo mutuamente aceitável. Em outras palavras, representa a área na qual as partes podem chegar a um consenso que seja satisfatório para ambas, sem ultrapassar os limites considerados aceitáveis.

Compreendendo A ZOPA:

Identificação da Faixa de Negociação: A ZOPA é determinada através da análise das posições iniciais de ambas as partes em relação aos termos da negociação. É o espaço entre o menor valor que uma parte está disposta a aceitar (seu ponto de resistência ou "reserva") e o máximo que a outra parte está disposta a pagar (seu ponto de resistência).

Negociação Dentro da ZOPA: Negociar dentro da ZOPA significa explorar opções e fazer concessões de modo a encontrar um ponto de acordo que satisfaça os interesses de ambas as partes. É fundamental para os negociadores identificar e maximizar a sobreposição dessa zona durante o processo de negociação.

Expansão da ZOPA: Em algumas situações, é possível expandir a ZOPA através de negociações criativas e de busca por valor mútuo. Isso pode envolver a exploração de interesses comuns, a criação de opções adicionais e o uso de estratégias que aumentem a flexibilidade de ambas as partes.

Exemplo Prático:

Por exemplo, imagine que duas empresas estão negociando o preço de um serviço de consultoria. A empresa A está disposta a pagar até R$10.000 pelo serviço, enquanto a empresa B deseja receber pelo menos R$12.000. A ZOPA nesse caso seria entre R$10.000 (ponto de resistência da empresa A) e R$12.000 (ponto de resistência da empresa B). Dentro dessa faixa, há espaço para negociação onde um acordo pode ser alcançado.

Importância Da ZOPA:

Facilita a Negociação: Ao entender a ZOPA, os negociadores podem focar suas energias em explorar áreas onde há potencial para alcançar um acordo aceitável para ambas as partes.

Otimização de Resultados: Maximizar a sobreposição da ZOPA pode levar a acordos que não apenas atendam, mas também excedam as expectativas iniciais das partes envolvidas.

Criação de Valor: Negociar dentro da ZOPA permite a criação de valor mútuo, onde as partes podem identificar oportunidades para aumentar os benefícios compartilhados e mitigar os pontos fracos.

Redução de Conflitos: Uma compreensão clara da ZOPA pode ajudar a reduzir conflitos ao estabelecer um terreno comum para negociações construtivas e colaborativas.

A ZOPA é uma ferramenta fundamental para negociadores que desejam alcançar acordos mutuamente satisfatórios e eficazes. Ao identificar, entender e explorar essa zona durante o processo de negociação, os negociadores podem aumentar suas chances de sucesso e construir relacionamentos comerciais duradouros baseados em confiança e respeito mútuo.

A ZOPA representa a faixa ou intervalo em que as expectativas de ambas as partes se sobrepõem e um acordo mutuamente aceitável pode ser alcançado. Identificar a ZOPA é crucial para determinar onde e como as negociações podem ser conduzidas para atender às necessidades de ambas as partes. A ZOPA pode ser influenciada por uma série de fatores, incluindo a flexibilidade das partes, a interpretação das informações disponíveis e a disposição para explorar opções criativas durante o processo de negociação.

Estratégias Para Utilização Efetiva

Pesquisa e Preparação: Realize uma pesquisa detalhada sobre os interesses das partes envolvidas, identifique seu BATNA e estime a possível ZOPA com base nas informações disponíveis.

Foco em Interesses Comuns: Durante a negociação, concentre-se em identificar e explorar interesses comuns que possam facilitar um acordo mutuamente satisfatório.

Maximize seu BATNA: Fortaleça sua posição de negociação desenvolvendo alternativas viáveis e reforçando seu BATNA antes e durante o processo de negociação.

Negociação Criativa: Esteja aberto a explorar soluções criativas e alternativas que possam expandir a ZOPA e melhorar as chances de alcançar um acordo benéfico para todas as partes envolvidas.

Ao integrar análises de interesses, BATNA e ZOPA em sua abordagem de negociação, você estará equipado com ferramentas poderosas para navegar com confiança e eficácia em qualquer cenário de negociação. Esses conceitos não apenas ajudam a maximizar os resultados alcançados, mas também promovem relacionamentos construtivos baseados em entendimento mútuo e compromisso com a colaboração. Este capítulo oferece um guia prático e estratégico para aplicar esses conceitos essenciais e alcançar sucesso consistente em negociações complexas e desafiadoras.

CAPÍTULO 4 - CONSTRUINDO RELACIONAMENTOS DE CONFIANÇA

Construir relacionamentos de confiança é fundamental para o sucesso em qualquer negociação. A confiança forma a base para a colaboração, a comunicação eficaz e a resolução de conflitos de maneira construtiva. Neste capítulo, exploraremos como você pode cultivar e fortalecer relacionamentos de confiança durante o processo de negociação, garantindo assim acordos duradouros e mutuamente benéficos.

Importância Da Confiança Na Negociação

A confiança é um elemento essencial que permeia todas as interações humanas, especialmente em contextos de negociação. Quando há confiança entre as partes, há uma maior probabilidade de que compromissos sejam cumpridos, informações sejam compartilhadas de maneira transparente e interesses mútuos sejam considerados de forma equitativa. Isso cria um ambiente propício para negociações eficazes e colaborativas.

Princípios Para Construir Confiança:

Transparência e Honestidade: Seja transparente em suas comunicações e ações. Evite ocultar informações relevantes ou distorcer a verdade, pois isso pode minar a confiança da outra parte.

Cumprimento de Compromissos: Cumpra o que promete durante o processo de negociação. Isso demonstra integridade e confiabilidade, fundamentais para o estabelecimento de uma base sólida de confiança.

Empatia e Respeito: Demonstre empatia ao considerar os interesses e preocupações da outra parte. Respeite suas opiniões e perspectivas, mesmo que diferentes das suas.

Consistência e Previsibilidade: Mantenha um comportamento consistente ao longo do processo de negociação. Isso ajuda a construir confiança ao mostrar que suas ações são previsíveis e confiáveis.

Estratégias Para Construção De Relacionamentos De Confiança:

Comunicação Clara e Aberta: Estabeleça uma comunicação franca e aberta desde o início. Encoraje um ambiente onde ambas as partes se sintam à vontade para expressar suas preocupações e necessidades.

Construção de Relacionamento Pessoal: Invista tempo em construir um relacionamento pessoal com a outra parte. Isso pode envolver conversas informais, compartilhamento de interesses comuns ou até mesmo atividades sociais que ajudem a desenvolver um entendimento mútuo.

Negociação Baseada em Princípios: Adote uma abordagem de negociação baseada em princípios, focando em critérios objetivos e justos para resolver diferenças. Isso ajuda a criar um terreno comum onde ambas as partes se sintam tratadas de maneira equitativa.

Lidando Com Desafios E Conflitos:

Resolução Construtiva de Conflitos: Em vez de evitar conflitos, veja-os como oportunidades para fortalecer o relacionamento. Aborde os conflitos de maneira construtiva, buscando soluções que levem em consideração os interesses de ambas as partes.

Manutenção da Confiança: Esteja ciente dos fatores que podem corroer a confiança ao longo do tempo, como falta de comunicação, quebra de promessas ou falta de transparência. Mantenha um compromisso contínuo com a construção e manutenção de relacionamentos de confiança.

Benefícios De Relacionamentos De Confiança:

Facilitação de Negociações Complexas: Relacionamentos baseados em confiança facilitam a colaboração e a busca por soluções criativas em negociações desafiadoras.

Redução de Conflitos: A confiança ajuda a reduzir mal-entendidos e conflitos ao longo do processo de negociação, promovendo um ambiente mais harmonioso e produtivo.

Construção de Parcerias Duradouras: Relacionamentos de confiança podem evoluir para parcerias duradouras que beneficiam ambas as partes a longo prazo.

Construir relacionamentos de confiança não é apenas um componente crítico para o sucesso em negociações, mas também uma habilidade essencial para qualquer profissional que busca resultados sustentáveis e positivos em suas interações comerciais. Ao adotar princípios de transparência, respeito mútuo e resolução construtiva de conflitos, você estará fortalecendo sua capacidade de influenciar e alcançar acordos que beneficiem todas as partes envolvidas. Este capítulo oferece um guia prático para cultivar relacionamentos de confiança e aproveitar seu potencial máximo em negociações variadas e desafiadoras.

A Importância Da Confiança Mútua Na Negociação Persuasiva

A confiança mútua desempenha um papel crucial no contexto da negociação persuasiva. Quando as partes envolvidas confiam umas nas outras, o processo de negociação se torna mais fluido, eficiente e propenso a alcançar acordos mutuamente benéficos e duradouros. Neste capítulo, exploraremos como a confiança mútua influencia positivamente a negociação persuasiva e oferecemos insights sobre como construir e manter essa confiança ao longo do processo.

Fundamentos Da Confiança Mútua

A confiança mútua na negociação persuasiva é construída sobre uma base sólida de transparência, integridade e previsibilidade. Quando as partes confiam umas nas outras, estão mais propensas a compartilhar informações relevantes, assumir compromissos realistas e colaborar na busca por soluções que atendam aos interesses de ambas as partes.

Elementos Chave Da Confiança Mútua:

Transparência e Honestidade: A comunicação transparente e honesta é essencial para construir confiança mútua. As partes devem se sentir confortáveis em compartilhar informações importantes e discutir abertamente seus interesses e preocupações.

Cumprimento de Compromissos: Cumprir o que foi acordado durante o processo de negociação demonstra comprometimento e confiabilidade. Isso fortalece a confiança ao longo do tempo e promove um ambiente de negociação mais positivo.

Respeito e Empatia: Mostrar respeito pelas opiniões e interesses da outra parte, além de demonstrar empatia ao considerar suas necessidades, contribui para um relacionamento de confiança mais sólido e colaborativo.

Impacto Da Confiança Na Negociação Persuasiva:

Facilitação da Comunicação: A confiança mútua abre espaço para uma comunicação mais eficaz e aberta durante a negociação persuasiva. As partes se sentem mais à vontade para expressar suas ideias, fazer perguntas e discutir diferentes pontos de vista de maneira construtiva.

Redução de Conflitos: Quando há confiança, os mal-entendidos e conflitos tendem a ser mitigados mais facilmente. As partes estão mais inclinadas a resolver diferenças de maneira colaborativa e buscar soluções que beneficiem a todos.

Negociações Mais Produtivas: A confiança mútua promove um ambiente de negociação mais produtivo, onde as partes podem focar na criação de valor e na busca por soluções criativas que atendam aos interesses compartilhados.

Estratégias Para Construir Confiança Mútua:

Estabeleça um Relacionamento Positivo desde o Início: Investir tempo em construir um relacionamento pessoal e profissional desde o início da negociação pode ajudar a construir confiança mútua ao longo do tempo.

Seja Transparente e Consistente: Mantenha uma comunicação transparente e consistente ao longo do processo de negociação. Isso inclui compartilhar informações relevantes e atualizar as partes conforme necessário.

Demonstre Integridade em Todas as Interações: Aja com integridade em todas as interações, cumprindo seus compromissos e mostrando respeito pelos interesses da outra parte.

A confiança mútua é um ingrediente fundamental para o sucesso da negociação persuasiva. Ela não apenas facilita o processo de negociação, mas também fortalece relacionamentos comerciais duradouros e produtivos. Ao cultivar um ambiente de confiança baseado em transparência, respeito e colaboração, os negociadores podem maximizar suas chances de alcançar acordos vantajosos que beneficiem todas as partes envolvidas. Este capítulo oferece um guia prático para entender e aplicar os princípios da confiança mútua na negociação persuasiva, destacando sua importância como um diferencial estratégico em qualquer contexto empresarial.

Estratégias Para Desenvolver E Manter Relacionamentos Positivos

Desenvolver e manter relacionamentos positivos é essencial não apenas para o sucesso pessoal, mas também para alcançar resultados positivos em qualquer negociação ou ambiente profissional. Neste capítulo, exploraremos estratégias eficazes para construir e sustentar relacionamentos positivos, que são fundamentais para criar um ambiente propício à colaboração, confiança mútua e realização de objetivos compartilhados.

Fundamentos Dos Relacionamentos Positivos

Relacionamentos positivos são construídos sobre uma base de respeito mútuo, empatia, comunicação eficaz e comprometimento comum. Eles não apenas fortalecem conexões interpessoais, mas também promovem um ambiente de trabalho mais produtivo e harmonioso.

Estratégias Para Desenvolver Relacionamentos Positivos:

Comunicação Clara e Aberta: Estabeleça uma comunicação franca e aberta desde o início. Escute ativamente e demonstre interesse genuíno nas opiniões e perspectivas dos outros. A comunicação eficaz é a chave para construir entendimento mútuo e resolver mal-entendidos antes que se tornem conflitos.

Demonstre Empatia e Respeito: Coloque-se no lugar dos outros e reconheça suas emoções e perspectivas. Trate todos com cortesia e respeito, independentemente de diferenças pessoais ou profissionais.

Construa Confiança: Cumpra suas promessas e compromissos. Seja transparente em suas ações e compartilhe informações relevantes de maneira oportuna. A confiança é a base de relacionamentos duradouros e positivos.

Crie Oportunidades de Conexão: Invista tempo em construir relacionamentos pessoais. Participe de eventos sociais, cafés da manhã ou almoços informais para conhecer melhor as pessoas fora do ambiente de trabalho.

Estratégias Para Manter Relacionamentos Positivos:

Manutenção da Comunicação: Mantenha uma linha aberta de comunicação. Verifique regularmente com colegas, parceiros ou clientes para garantir que suas necessidades e expectativas estejam sendo atendidas.

Resolução Construtiva de Conflitos: Encare os conflitos como oportunidades para fortalecer relacionamentos. Aborde os problemas com uma mente aberta, buscando soluções que beneficiem todas as partes envolvidas.

Demonstre Flexibilidade: Esteja aberto a compromissos e adaptações quando necessário. A flexibilidade demonstra disposição para colaborar e encontrar soluções que satisfaçam as necessidades de todos.

Benefícios De Relacionamentos Positivos:

Melhoria do Clima Organizacional: Relacionamentos positivos contribuem para um ambiente de trabalho mais harmonioso e colaborativo.

Aumento da Produtividade: Um ambiente onde as pessoas se sentem valorizadas e respeitadas tende a ser mais produtivo, pois promove um maior engajamento e motivação.

Facilitação da Negociação: Relacionamentos positivos facilitam a resolução de conflitos e a negociação eficaz, permitindo que as partes se concentrem em encontrar soluções mutuamente benéficas.

Desenvolver e manter relacionamentos positivos requer esforço contínuo e um compromisso com a construção de conexões autênticas e significativas. Ao adotar estratégias eficazes para promover a comunicação aberta, a empatia, o respeito mútuo e a construção de confiança, você estará fortalecendo suas habilidades interpessoais e criando um ambiente propício ao sucesso pessoal e profissional. Este capítulo serve como um guia prático para cultivar relacionamentos positivos que beneficiam não apenas você, mas também sua equipe e organização como um todo.

CAPÍTULO 5 - COMUNICAÇÃO PERSUASIVA: TÉCNICAS E ESTRATÉGIAS

A comunicação persuasiva é uma habilidade essencial para influenciar positivamente as pessoas e alcançar objetivos em diversas situações, incluindo negociações, vendas, liderança e relações interpessoais. Neste capítulo, exploraremos técnicas e estratégias fundamentais para aprimorar sua capacidade de comunicação persuasiva, permitindo que você transmita suas ideias de maneira clara, convincente e eficaz.

Fundamentos da Comunicação Persuasiva: A comunicação persuasiva vai além de simplesmente transmitir informações; ela envolve engajar e persuadir seu público-alvo a adotar uma perspectiva específica, tomar uma ação ou aceitar uma ideia. Para isso, é crucial dominar não apenas o conteúdo da mensagem, mas também a forma como ela é entregue.

Técnicas Essenciais De Comunicação Persuasiva:
Conheça Seu Público: Antes de começar a comunicar sua mensagem, é fundamental entender quem é seu público-alvo, seus interesses, preocupações e motivações. Adaptar sua mensagem para atender às necessidades

específicas do seu público aumenta significativamente sua eficácia persuasiva.

Estabeleça Credibilidade: Demonstre autoridade e conhecimento sobre o assunto em questão. Apresente evidências sólidas, dados relevantes e exemplos concretos para apoiar seus argumentos. Quanto mais confiável você parecer, mais persuasivo será seu discurso.

Use Linguagem Clara e Direta: Evite jargões complicados e linguagem excessivamente técnica que possa alienar seu público. Use uma linguagem clara, concisa e acessível, de modo que todos possam entender facilmente sua mensagem.

Conte uma História Compelling: As histórias têm o poder de cativar emocionalmente o público e tornar sua mensagem mais memorável. Use narrativas envolventes, exemplos vívidos e casos de sucesso para ilustrar seus pontos e conectar-se emocionalmente com seu público.

Apresente Benefícios Tangíveis: Mostre como sua proposta ou ideia beneficia diretamente seu público-alvo. Foque nos benefícios tangíveis e resultados concretos que podem ser alcançados ao aceitar sua perspectiva.

Estratégias Avançadas De Comunicação Persuasiva:

Estabeleça um Apelo Emocional: Utilize emoções de maneira estratégica para influenciar decisões. Apelar para valores, aspirações e preocupações emocionais do seu público pode aumentar sua persuasão.

Contra-argumentação Antecipada: Antecipe possíveis objeções ou preocupações do seu público e prepare respostas eficazes. Isso mostra que você considerou diferentes pontos de vista e está preparado para discuti-los de maneira construtiva.

Utilize a Reciprocidade: Ofereça algo de valor ao seu público antes de pedir algo em troca. Isso cria um senso de obrigação e disposição para retribuir, aumentando a receptividade à sua mensagem.

Use Provas Sociais: Demonstre que outras pessoas, especialmente autoridades ou líderes de opinião, apoiam sua posição. A prova social aumenta a credibilidade e persuasão da sua mensagem.

Aplicação Da Comunicação Persuasiva Na Negociação

Na negociação, a comunicação persuasiva é crucial para influenciar a outra parte a aceitar seus termos, alcançar compromissos mútuos e construir relacionamentos de confiança.

Ao utilizar técnicas de comunicação persuasiva, você pode articular seus interesses de forma clara e convincente, enquanto respeita e considera os interesses da outra parte.

Dominar técnicas de comunicação persuasiva não apenas aumenta sua eficácia como comunicador, mas também fortalece sua capacidade de influenciar positivamente as decisões e ações das pessoas ao seu redor. Ao incorporar as estratégias discutidas neste capítulo em suas interações diárias, você estará equipado para comunicar suas ideias de maneira mais persuasiva, alcançando resultados mais satisfatórios e construindo relacionamentos mais sólidos e produtivos.

Técnicas Avançadas De Comunicação Verbal E Não Verbal

A comunicação eficaz não se limita apenas ao que é dito verbalmente; também abrange elementos não verbais que desempenham um papel crucial na transmissão de mensagens e na influência sobre os outros. Neste capítulo, exploraremos técnicas avançadas de comunicação verbal e não verbal que podem elevar sua capacidade de se expressar claramente, persuadir e estabelecer conexões significativas com seu público.

Comunicação Verbal:

Clareza e Concisão: Transmita suas ideias de maneira clara e direta, evitando linguagem excessivamente complexa ou ambígua.

Utilize estrutura de frases simples e organizada para facilitar a compreensão do seu público.

Tom de Voz e Entonação: Adapte seu tom de voz para corresponder ao contexto e ao público-alvo.

Varie sua entonação para enfatizar pontos importantes e manter o interesse do ouvinte.

Uso de Perguntas Poderosas: Faça perguntas abertas que incentivem reflexão e discussão.

Use perguntas retóricas para direcionar o pensamento do seu público na direção desejada.

Empatia na Comunicação: Demonstre empatia ao considerar as emoções e perspectivas do seu interlocutor.

Use linguagem inclusiva para criar um ambiente acolhedor e receptivo.

Comunicação Não Verbal:

Linguagem Corporal: Mantenha uma postura ereta e aberta para transmitir confiança e credibilidade.

Use gestos naturais e moderados para enfatizar seus pontos sem distrair seu público.

Expressões Faciais: Utilize expressões faciais congruentes com o conteúdo da sua mensagem.

Sorria genuinamente para criar uma atmosfera positiva e acolhedora.

Contato Visual: Mantenha contato visual com seu interlocutor para demonstrar interesse e confiança.

Alterne entre olhar nos olhos e desviar o olhar de maneira natural e confortável.

Espaço Pessoal: Respeite o espaço pessoal do seu interlocutor, mantendo uma distância confortável durante a interação.

Ajuste sua proximidade conforme apropriado para o contexto cultural e individual.

Estratégias Integradas:

Sincronização Verbal e Não Verbal: Garanta consistência entre suas palavras, tom de voz, expressões faciais e gestos.

Adaptação ao Contexto: Ajuste sua comunicação verbal e não verbal de acordo com o ambiente, a cultura e as preferências do seu público.

Feedback e Ajuste: Esteja atento às reações do seu interlocutor e ajuste sua comunicação conforme necessário para maximizar o entendimento e a persuasão.

Aplicação Prática

Na negociação, combine técnicas verbais e não verbais para reforçar seus argumentos e influenciar positivamente a outra parte.

Durante apresentações, utilize expressões faciais e gestos para tornar suas mensagens mais envolventes e memoráveis.

Dominar técnicas avançadas de comunicação verbal e não verbal não apenas aumenta sua capacidade de transmitir suas ideias de maneira clara e persuasiva, mas também fortalece sua habilidade de estabelecer conexões significativas com as pessoas ao seu redor. Ao integrar essas técnicas em suas interações diárias, você estará equipado para comunicar-se de maneira mais eficaz, alcançar resultados positivos e construir relacionamentos interpessoais mais sólidos e produtivos.

Como Adaptar O Estilo De Comunicação Para Diferentes Personalidades E Culturas

Adaptar o estilo de comunicação para diferentes personalidades e culturas é uma habilidade essencial para facilitar a compreensão mútua, fortalecer relacionamentos e alcançar resultados eficazes em interações pessoais e profissionais. Neste capítulo, exploraremos estratégias práticas para ajustar sua comunicação conforme necessário, levando em consideração as características individuais das pessoas e as nuances culturais que influenciam a forma como a informação é recebida e interpretada.

Reconhecendo Diferenças Individuais:

Estilos de Personalidade: Identifique os diferentes estilos de personalidade, como extrovertidos versus introvertidos, pensadores analíticos versus intuitivos, e adaptadores flexíveis versus planejadores detalhistas.

Adapte seu estilo de comunicação para atender às preferências e necessidades específicas de cada tipo de personalidade. Por exemplo, seja mais direto e objetivo com indivíduos analíticos, e mais aberto e expressivo com pessoas extrovertidas.

Preferências de Comunicação: Observe as preferências de comunicação de seus interlocutores, como a preferência por informações detalhadas versus uma visão geral, e a preferência por comunicação escrita versus verbal.

Ajuste seu método de comunicação (por exemplo, e-mails detalhados versus reuniões breves) para atender às necessidades específicas de cada pessoa.

Considerando Diferenças Culturais

Normas Culturais e Etiquetas: Esteja ciente das normas culturais relacionadas à comunicação, como a importância do respeito hierárquico em algumas culturas e a valorização da comunicação indireta em outras.

Adapte seu estilo de comunicação para respeitar e refletir as expectativas culturais de seus interlocutores, demonstrando sensibilidade cultural e respeito mútuo.

Compreensão dos Valores Culturais: Familiarize-se com os valores culturais fundamentais, como a valorização da família, a importância do tempo e a visão de mundo única de diferentes culturas.

Demonstre consideração pelos valores culturais ao escolher palavras, gestos e tom de voz que respeitem e promovam um entendimento mútuo.

Estratégias Práticas De Adaptação:

Escuta Ativa e Empatia: Pratique a escuta ativa para compreender melhor as necessidades e expectativas dos outros. Mostre empatia ao considerar as perspectivas e experiências únicas de cada pessoa.

Flexibilidade na Comunicação: Seja flexível na adaptação do seu estilo de comunicação conforme necessário. Esteja disposto a ajustar seu tom, linguagem e abordagem para alcançar um melhor entendimento e colaboração.

Aprendizado Contínuo: Esteja aberto ao aprendizado contínuo sobre diferentes culturas e estilos de personalidade. Busque feedback e esteja disposto a melhorar suas habilidades de comunicação intercultural e interpessoal ao longo do tempo.

Aplicação Prática Em Contextos Profissionais

Na liderança de equipes multiculturais, adapte seu estilo de comunicação para promover um ambiente inclusivo e produtivo.

Em negociações internacionais, ajuste sua abordagem para construir pontes entre culturas e alcançar acordos mutuamente benéficos.

Adaptar o estilo de comunicação para diferentes personalidades e culturas não é apenas uma habilidade valiosa, mas também uma necessidade no mundo globalizado de hoje. Ao reconhecer e respeitar as diferenças individuais e culturais, você não só fortalece suas habilidades de comunicação, mas também constrói relacionamentos mais sólidos e eficazes em todos os aspectos da vida pessoal e profissional. Este capítulo oferece um guia prático para desenvolver essa habilidade crucial, capacitando você a comunicar-se com sucesso em um mundo diversificado e dinâmico.

CAPÍTULO 6 - MANEJANDO OBJEÇÕES E RESISTÊNCIAS

Durante qualquer processo de comunicação persuasiva, é comum encontrar objeções e resistências por parte do público-alvo. Neste capítulo, exploraremos estratégias eficazes para manejar objeções e superar resistências de maneira construtiva, permitindo que você fortaleça sua persuasão e alcance seus objetivos com maior eficácia.

Entendendo Objeções E Resistências - O Que São Objeções?

Objeções são preocupações, dúvidas ou hesitações expressas pelas pessoas em relação às suas ideias, propostas ou sugestões.

Elas podem surgir devido a falta de entendimento, preocupações com riscos, diferenças de opinião ou outras razões pessoais.

Tipos Comuns de Resistências: Resistências podem se manifestar de diversas formas, como ceticismo em relação à mudança, medo de consequências negativas, desconfiança em relação à fonte da informação ou simplesmente hábitos arraigados.

Estratégias Para Manejar Objeções:

Escute Ativamente: Demonstre interesse genuíno ao ouvir as objeções apresentadas. Isso mostra respeito pelas preocupações do interlocutor e permite que você compreenda completamente sua perspectiva.

Clarifique e Entenda: Peça esclarecimentos para garantir que você compreende completamente as objeções apresentadas. Isso ajuda a identificar as verdadeiras preocupações por trás das objeções superficiais.

Apresente Evidências e Benefícios: Forneça informações relevantes, dados concretos e exemplos específicos que respaldem suas argumentações.

Destaque os benefícios tangíveis e intangíveis de aceitar sua proposta ou ideia, enfatizando como ela pode resolver problemas ou atender às necessidades do interlocutor.

Responda de Maneira Construtiva: Aborde as objeções de maneira positiva e construtiva. Evite respostas defensivas ou confrontacionais que possam aumentar a resistência.

Ofereça soluções alternativas ou compromissos que possam mitigar as preocupações do interlocutor sem comprometer seus objetivos principais.

Técnicas Avançadas Para Superar Resistências:

Antecipe e Prepare-se: Antecipe possíveis objeções antes mesmo de apresentar sua proposta. Prepare respostas sólidas e convincentes para cada uma delas.

Isso demonstra que você considerou diferentes perspectivas e está preparado para abordá-las de maneira eficaz.

Construa Relacionamentos de Confiança: Relacionamentos de confiança facilitam a superação de resistências. Invista tempo em construir conexões pessoais e profissionais antes de abordar questões delicadas.

Use Exemplos e Histórias: Ilustre seus pontos com exemplos práticos e histórias que demonstrem sucesso anterior ou aplicação bem-sucedida de suas ideias.

Narrativas Pessoais Ou De Casos De Estudo Podem Ajudar A Tornar Sua Mensagem Mais Relevante E Memorável.

Aplicação Prática em Diferentes Contextos

Em vendas e negociações, maneje objeções para fechar negócios de maneira mais eficiente e satisfatória para ambas as partes.

Na liderança, supere resistências para implementar mudanças organizacionais necessárias e alcançar objetivos estratégicos.

Manejar objeções e resistências de forma eficaz não apenas fortalece sua capacidade de persuasão, mas também promove um ambiente de comunicação aberta e colaborativa. Ao aplicar as estratégias discutidas neste capítulo, você estará melhor preparado para lidar com desafios durante suas interações diárias, construindo relacionamentos mais sólidos e alcançando resultados mais satisfatórios em suas iniciativas pessoais e profissionais.

Estratégias Para Lidar Com Objeções De Forma Construtiva

Lidar com objeções de forma construtiva é uma habilidade fundamental para qualquer pessoa envolvida em negociações, vendas, liderança ou mesmo em interações cotidianas. Neste capítulo, exploraremos estratégias eficazes para reconhecer, compreender e superar objeções de maneira que fortaleça sua posição e aumente suas chances de alcançar um acordo satisfatório.

Compreendendo As Objeções:

Escute Ativamente: A escuta ativa é a chave para entender completamente as objeções apresentadas. Demonstre interesse genuíno pelo ponto de vista do outro e esteja aberto a ouvir suas preocupações sem interrupções.

Clarifique e Explore: Faça perguntas para esclarecer as objeções e descobrir as verdadeiras razões por trás delas.

Às vezes, as objeções superficiais podem mascarar preocupações mais profundas ou interesses não expressos.

Estratégias Para Lidar Com Objeções:

Antecipe e Prepare-se: Antes de uma apresentação, venda ou negociação, pense nas objeções que podem surgir. Prepare respostas claras e convincentes para cada uma delas, com base em informações sólidas e exemplos relevantes.

Responda com Evidências e Benefícios: Use dados, estudos de caso e exemplos concretos para respaldar suas respostas. Mostre como sua proposta pode resolver problemas, atender necessidades específicas ou proporcionar benefícios significativos.

Demonstre Empatia e Comprometimento: Reconheça as preocupações do outro e demonstre empatia ao responder. Mostre que você está comprometido em encontrar uma solução que seja mutuamente benéfica e respeitosa.

Ofereça Alternativas E Compromissos

Se a objeção for legítima, esteja preparado para oferecer alternativas ou compromissos que possam acomodar as preocupações do outro sem comprometer seus próprios objetivos.

Técnicas Avançadas Para Superar Objeções:

Construa Credibilidade: Use sua experiência, conhecimento e autoridade no assunto para construir credibilidade. Isso pode ajudar a mitigar objeções baseadas em dúvidas sobre suas capacidades ou confiança na solução proposta.

Contra-argumentação Antecipada: Antecipe objeções comuns e prepare contra-argumentos sólidos. Isso mostra que você considerou diferentes perspectivas e está preparado para discuti-las de maneira construtiva.

Aplicação Prática: Em vendas, use técnicas de manejo de objeções para superar as preocupações dos clientes e fechar negócios de forma mais eficaz.

Na liderança, aborde objeções para implementar mudanças organizacionais com o apoio necessário e minimizar resistências.

Lidar com objeções de forma construtiva não se trata apenas de superar barreiras; é sobre construir confiança, entender melhor as necessidades do outro e fortalecer relacionamentos. Ao aplicar as estratégias discutidas neste capítulo, você estará melhor equipado para enfrentar desafios durante suas interações profissionais e pessoais, transformando objeções em oportunidades para criar soluções inovadoras e alcançar resultados positivos.

Transformando Resistências Em Pontos De Acordo

Ao lidar com resistências durante negociações, apresentações ou interações cotidianas, a habilidade de transformar objeções em pontos de acordo é crucial para alcançar resultados positivos e construir relacionamentos produtivos. Neste capítulo, exploraremos estratégias eficazes para identificar, entender e transformar resistências em oportunidades de colaboração e entendimento mútuo.

Compreendendo A Natureza Das Resistências:

Origens das Resistências: Resistências podem surgir de diversas fontes, como medo do desconhecido, preocupações com mudanças, experiências passadas negativas ou simplesmente diferenças de perspectiva e opinião.

Identificação de Objeções Disfarçadas: Nem todas as resistências são expressas diretamente como objeções. Algumas podem ser sutis, manifestando-se através de hesitações, desinteresse aparente ou falta de comprometimento.

Estratégias Para Transformar Resistências Em Pontos De Acordo:

Escuta Ativa e Empatia: Comece por ouvir ativamente as preocupações e objeções do outro. Demonstre empatia ao reconhecer e validar suas preocupações.

Mostre que você está genuinamente interessado em compreender as razões por trás das resistências apresentadas.

Reframe e Responda Construtivamente: Use técnicas de reframe para transformar objeções em oportunidades de encontrar pontos de acordo. Por exemplo, reformule a objeção como uma questão que pode ser resolvida em conjunto.

Responda às resistências com informações relevantes, evidências sólidas e exemplos concretos que demonstrem como sua proposta pode beneficiar ambas as partes.

Encontre Interesses Comuns: Explore interesses compartilhados ou metas comuns que possam servir como base para construir um acordo mútuo.

Concentre-se em encontrar soluções que atendam aos interesses de ambas as partes, transformando resistências em pontos de convergência.

Negociação e Flexibilidade: Esteja aberto a negociar e fazer ajustes em sua proposta original para acomodar preocupações legítimas e aumentar a aceitação por parte do outro.

Demonstre flexibilidade ao explorar diferentes alternativas e soluções que possam satisfazer ambas as partes de maneira equitativa.

Técnicas Avançadas Para Transformar Resistências:

Construa Confiança: Investir tempo em construir relacionamentos de confiança pode reduzir resistências e aumentar a disposição para colaborar.

Demonstre integridade, transparência e comprometimento em suas interações para fortalecer a confiança mútua.

Use a Abordagem Ganha-Ganha: Adote uma mentalidade de ganha-ganha, onde o objetivo é encontrar soluções que beneficiem ambas as partes envolvidas.

Mostre disposição para buscar resultados que sejam mutuamente satisfatórios, ao invés de focar apenas em vantagens pessoais.

Aplicação Prática: Em ambientes corporativos, transforme resistências de colegas ou subordinados em colaborações produtivas que impulsionem o progresso organizacional.

Em negociações comerciais, converta objeções de clientes em oportunidades para fortalecer relações e fechar acordos vantajosos para ambas as partes.

Transformar resistências em pontos de acordo não apenas facilita a resolução de conflitos e a obtenção de compromissos, mas também fortalece a capacidade de colaboração e construção de relacionamentos positivos. Ao aplicar as estratégias discutidas neste capítulo, você estará melhor preparado para enfrentar resistências de maneira construtiva, transformando desafios em oportunidades para alcançar resultados positivos e duradouros em suas interações pessoais e profissionais.

CAPÍTULO 7 - TÁTICAS AVANÇADAS DE PERSUASÃO

Persuadir eficazmente vai além das técnicas básicas; envolve estratégias refinadas que podem influenciar decisões e obter compromissos valiosos. Neste capítulo, exploraremos táticas avançadas de persuasão que ajudarão você a ampliar suas habilidades e alcançar resultados impactantes em diversas situações.

Preparação Estratégica:

Antes de qualquer interação persuasiva, a preparação estratégica é fundamental. Isso inclui:

Pesquisa Completa: Conheça profundamente seu público-alvo, suas necessidades, interesses e pontos fracos.

Estabelecer Metas Claras: Defina claramente o que deseja alcançar com sua persuasão e identifique possíveis objeções ou resistências.

Criação De Credibilidade:

Apresentação Profissional: Demonstre competência e confiança através de sua linguagem corporal, vestimenta e discurso claro e articulado.

Uso de Evidências: Apresente dados concretos, estudos de caso e testemunhos que sustentem sua posição e argumentos.

Estabelecimento De Conexão Emocional:

Empatia e Compreensão: Mostre-se genuinamente interessado nas preocupações e perspectivas do seu interlocutor.

Narrativas Persuasivas: Use histórias e exemplos que ressoem emocionalmente, criando uma conexão pessoal com seu público.

Técnicas De Persuasão Avançadas:

Reciprocidade: Ofereça algo de valor antes de pedir algo em troca, criando um senso de obrigação.

Escassez: Destaque a exclusividade ou escassez do que você está oferecendo, aumentando seu valor percebido.

Autoridade: Utilize sua experiência, credenciais e testemunhos de terceiros respeitáveis para reforçar seus argumentos.

Compromisso e Consistência: Faça perguntas que induzam seu interlocutor a concordar com pequenos compromissos que levem ao acordo final.

Gestão De Objeções E Resistências:

Antecipação: Identifique objeções potenciais e prepare respostas persuasivas com antecedência.

Transformação de Objeto em Oportunidade: Aborde objeções de maneira construtiva, transformando-as em pontos de acordo.

Fechar Com Eficácia:

Chamada à Ação Forte: Após apresentar seus argumentos persuasivos, finalize com uma chamada à ação clara e direta.

Reforço de Benefícios: Recapitule os benefícios do acordo proposto, reforçando os ganhos que serão obtidos.

Avaliação E Ajustes:

Feedback e Aprendizado Contínuo: Avalie o resultado da persuasão e ajuste suas estratégias com base nos resultados alcançados.

Aplicação Prática

Negociações Complexas: Utilize essas táticas avançadas para influenciar decisões em negociações que envolvam múltiplas partes e interesses variados.

Liderança e Gestão de Equipes: Aplique técnicas de persuasão para alinhar equipes com objetivos organizacionais e inspirar a colaboração.

Dominar táticas avançadas de persuasão não apenas aumenta suas chances de sucesso em negociações e vendas, mas também fortalece sua capacidade de influenciar positivamente pessoas e situações ao seu redor. Ao aplicar as estratégias discutidas neste capítulo com habilidade e sensibilidade, você estará posicionado para alcançar resultados significativos e sustentáveis em sua vida pessoal e profissional.

Estudos De Caso E Exemplos De Técnicas Persuasivas Bem-Sucedidas

Exploraremos diversos estudos de caso e exemplos reais que ilustram o uso eficaz de técnicas persuasivas em diferentes contextos. Ao analisar esses casos, você poderá compreender melhor como aplicar estratégias persuasivas em suas próprias interações e negociações, alcançando resultados positivos e construindo relacionamentos mais fortes.

Estudo De Caso 1: Persuasão Na Publicidade

Descrição: Uma empresa de tecnologia lançou um novo produto no mercado e utilizou técnicas persuasivas para aumentar as vendas.

Técnica Utilizada: Escassez

Detalhes: A empresa anunciou que o produto estava disponível apenas por tempo limitado, criando uma sensação de urgência entre os consumidores.

Resultado: As vendas aumentaram significativamente devido ao medo de perder a oportunidade de adquirir o produto.

Estudo De Caso 2: Persuasão Na Política

Descrição: Um político estava tentando convencer eleitores a apoiar sua campanha durante as eleições municipais.

Técnica Utilizada: Reciprocidade

Detalhes: O político realizou eventos gratuitos para a comunidade e ofereceu recursos úteis, como consultoria jurídica e workshops educacionais.

Resultado: Os eleitores se sentiram obrigados a retribuir o gesto de bondade votando no político durante as eleições.

Estudo De Caso 3: Persuasão Na Negociação

Descrição: Um executivo estava negociando um contrato multimilionário com um cliente em potencial.

Técnica Utilizada: Prova Social

Detalhes: O executivo forneceu uma lista de grandes empresas que já haviam firmado parcerias com sua empresa, destacando o sucesso dessas colaborações.

Resultado: O cliente em potencial foi persuadido pela reputação e credibilidade da empresa, fechando o contrato sem hesitação.

Estudo De Caso 4: Persuasão Na Educação

Descrição: Um professor estava tentando convencer seus alunos da importância de completar as tarefas de casa regularmente.

Técnica Utilizada: Autoridade

Detalhes: O professor compartilhou sua experiência como educador e explicou como a prática regular poderia melhorar o desempenho acadêmico dos alunos.

Resultado: Os alunos começaram a completar as tarefas de casa com mais regularidade, reconhecendo a autoridade e expertise do professor.

Análise E Lições Aprendidas

Cada um desses estudos de caso ilustra como técnicas persuasivas podem ser aplicadas de maneira eficaz em diferentes cenários. Aqui estão algumas lições que podemos extrair desses exemplos:

Conheça seu público-alvo: Entenda as necessidades, interesses e preocupações da pessoa ou grupo que você está tentando persuadir.

Adapte suas técnicas: Escolha e adapte suas técnicas persuasivas com base no contexto específico e nos objetivos desejados.

Evidência e credibilidade: Use provas concretas, como dados, estudos de caso e testemunhos, para aumentar a persuasão e legitimidade de seus argumentos.

Construa relacionamentos: Estabelecer uma conexão emocional e construir confiança pode aumentar significativamente suas chances de sucesso.

Aplicação Prática

Ao estudar esses exemplos e aprender com suas estratégias, você poderá aplicar técnicas persuasivas de forma mais eficaz em suas próprias negociações, apresentações, vendas e interações pessoais. Lembre-se de praticar e ajustar suas abordagens com base nos resultados obtidos, aprimorando continuamente suas habilidades de persuasão ao longo do tempo.

Estudos de caso são poderosas ferramentas para aprender e aprimorar habilidades de persuasão. Ao entender como outras pessoas aplicaram técnicas persuasivas com sucesso, você estará melhor equipado para influenciar positivamente as decisões e alcançar seus objetivos pessoais e profissionais de maneira mais eficaz. Use esses exemplos como inspiração e guia para desenvolver suas próprias estratégias persuasivas que sejam autênticas e impactantes.

Táticas Específicas Para Negociações Complexas E Desafiadoras

Negociar em contextos complexos e desafiadores requer habilidades avançadas e estratégias específicas para alcançar acordos mutuamente benéficos. Neste capítulo, exploraremos táticas eficazes que podem ser aplicadas em negociações que envolvem múltiplas partes, interesses divergentes e situações de alta pressão.

Análise Profunda Do Contexto:

Compreensão das Partes Envolvidas: Identifique todos os stakeholders, seus interesses, preocupações e prioridades.

Mapeamento de Interesses: Explore os objetivos e motivações de cada parte para determinar pontos de convergência e divergência.

Planejamento Estratégico:

Estabelecimento de Metas Claras: Defina objetivos realistas e mensuráveis que orientem suas estratégias de negociação.

Desenvolvimento de Alternativas: Prepare-se para diferentes cenários e tenha planos de contingência para responder a mudanças inesperadas.

Técnicas Avançadas De Comunicação:

Escuta Ativa: Demonstre interesse genuíno pelas preocupações e perspectivas das outras partes.

Comunicação Clara e Direta: Articule seus pontos de forma assertiva e compreensível, evitando ambiguidades que possam ser interpretadas de maneira equivocada.

Gestão De Relacionamentos:

Construção de Confiança: Estabeleça rapport e crie um ambiente de negociação baseado em respeito mútuo e transparência.

Manejo de Conflitos: Resolva disputas de maneira construtiva, buscando soluções que preservem os relacionamentos enquanto avançam para o acordo.

Negociação Baseada Em Princípios:

Foco em Interesses: Concentre-se nos interesses subjacentes de todas as partes envolvidas, em vez de posições rígidas.

Criação de Valor: Explore oportunidades para aumentar o valor do acordo através de compromissos criativos e inovadores.

Táticas Específicas:

BATNA (Melhor Alternativa para um Acordo Negociado): Esteja preparado com uma alternativa viável caso as negociações não atinjam um acordo satisfatório.

ZOPA (Zona de Possível Acordo): Identifique a faixa onde um acordo mutuamente aceitável é possível e use isso como base para suas propostas.

Flexibilidade E Adaptabilidade:

Leitura da Situação: Esteja atento aos sinais não verbais e às nuances da negociação para ajustar sua abordagem conforme necessário.

Abertura para Ajustes: Demonstre flexibilidade ao considerar novas informações ou propostas durante o processo de negociação.

Encerramento Estratégico:

Finalização do Acordo: Após alcançar um consenso, formalize os termos acordados de maneira clara e detalhada.

Manutenção do Relacionamento: Reforce o compromisso de ambas as partes com o acordo e discuta planos para avaliação e monitoramento contínuos.

Aplicação Prática:

Negociações Internacionais: Utilize essas táticas em negociações que envolvam diferentes culturas e práticas comerciais.

Fusões e Aquisições: Negocie termos complexos e detalhados para garantir uma transição suave e integrada.

Negociar em situações complexas e desafiadoras exige não apenas habilidades técnicas, mas também uma compreensão profunda das dinâmicas humanas e organizacionais envolvidas. Ao aplicar as táticas específicas discutidas neste capítulo com inteligência e sensibilidade, você estará mais bem preparado para enfrentar e superar os desafios de negociações exigentes, alcançando acordos que sejam duradouros e mutuamente vantajosos para todas as partes envolvidas.

CAPÍTULO 8 - FECHANDO O ACORDO: ESTRATÉGIAS PARA SUCESSO

Negociar o fechamento de um acordo é a culminação de um processo complexo que envolve tanto habilidades estratégicas quanto uma compreensão profunda das necessidades de todas as partes envolvidas. Neste capítulo, exploraremos as estratégias essenciais para garantir que o processo de fechamento seja não apenas eficiente, mas também eficaz na obtenção de resultados positivos e duradouros.

Preparação Estratégica: O sucesso na negociação do fechamento começa com uma preparação meticulosa. Isso inclui entender claramente os seus próprios objetivos e limites, bem como os da outra parte. Pesquisar a fundo sobre o histórico da negociação, as preferências e os pontos sensíveis do outro lado da mesa proporciona uma vantagem significativa. Além disso, antecipar possíveis cenários e planos de contingência aumenta a confiança e a capacidade de reação durante a negociação final.

Construção de Relacionamento e Confiança: Antes de chegar ao fechamento, é fundamental construir um relacionamento sólido e de confiança com a outra parte. Isso não se limita apenas ao aspecto profissional, mas também envolve demonstrar empatia, compreensão e respeito mútuo. Investir tempo no fortalecimento do relacionamento ao longo do processo de negociação pode facilitar significativamente o fechamento do acordo, pois as pessoas tendem a fazer negócios com aqueles que gostam e em quem confiam.

Comunicação Clara e Efetiva: Durante a fase de fechamento, a comunicação clara e efetiva é fundamental. Certifique-se de que todos os termos e condições do acordo sejam explicados de maneira transparente e compreensível. Evite jargões desnecessários e esteja preparado para esclarecer quaisquer dúvidas que possam surgir. Garantir que todas as partes tenham uma compreensão comum dos detalhes do acordo minimiza o risco de mal-entendidos e desacordos futuros.

Flexibilidade e Capacidade de Negociação: Negociar o fechamento do acordo muitas vezes envolve ser flexível e adaptável às circunstâncias em constante mudança. Esteja preparado para fazer pequenos ajustes ou concessões se necessário, desde que essas mudanças não comprometam seus objetivos principais. Mostrar uma capacidade de negociação habilidosa e uma disposição para encontrar soluções criativas pode ajudar a superar obstáculos finais e alcançar um acordo satisfatório para ambas as partes.

Foco no Resultado Final: Durante todo o processo de fechamento, mantenha o foco no resultado final desejado. Lembre-se de que o objetivo não é apenas fechar o acordo, mas também estabelecer uma base sólida para uma colaboração futura bem-sucedida. Mantenha uma visão estratégica de longo prazo e esteja preparado para negociar compromissos que promovam uma parceria sustentável e mutuamente benéfica.

Celebrando o Sucesso e Planejando o Próximo Passo: Após o fechamento do acordo, celebre o sucesso alcançado. Reconheça e valorize os esforços e contribuições de todas as partes envolvidas. Além disso, aproveite o momento para planejar o próximo passo na implementação do acordo e estabelecer marcos claros para avaliar o progresso ao longo do tempo.

Negociar o fechamento de um acordo com sucesso exige não apenas habilidades técnicas e estratégicas, mas também uma abordagem cuidadosa e orientada para o relacionamento. Ao incorporar as estratégias discutidas neste capítulo, você estará melhor equipado para navegar pelas complexidades da negociação e alcançar resultados positivos que beneficiem todas as partes envolvidas. Lembre-se sempre de que cada acordo fechado não é apenas um marco, mas também uma oportunidade para cultivar relações duradouras e promover o crescimento mútuo.

Técnicas Finais Para Fechar Acordos Vantajosos E Duradouros

Negociar o fechamento de um acordo vantajoso e duradouro é um teste de habilidades refinadas e estratégias bem aplicadas. Neste capítulo, exploraremos as técnicas finais essenciais para transformar negociações promissoras em resultados tangíveis e relações comerciais sólidas.

Conclusão com Confiança: Ao se aproximar do fechamento do acordo, é essencial demonstrar confiança em suas propostas e posições. Mostre-se seguro sobre os benefícios mútuos do acordo e como ele pode satisfazer as necessidades de ambas as partes. A confiança é contagiosa e pode influenciar positivamente a percepção e disposição da outra parte para fechar o negócio.

Gerenciamento de Últimos Detalhes: Durante a fase final da negociação, é comum surgirem detalhes finais que precisam ser resolvidos. Esteja preparado para lidar com essas questões de forma rápida e eficaz. Mantenha a calma e mantenha o foco nos objetivos principais do acordo, evitando que pequenos obstáculos atrapalhem o progresso para o fechamento.

Ofertas e Contrapropostas Estratégicas: A habilidade de fazer ofertas estratégicas e responder de maneira eficaz às contrapropostas é fundamental para fechar um acordo vantajoso. Utilize técnicas como dividir o pedido, onde você faz uma oferta inicial mais alta e, em seguida, cede em áreas menos importantes para garantir concessões cruciais. Isso pode ser especialmente útil quando se negocia com múltiplas partes interessadas com diferentes prioridades.

Construção de Consenso: Antes de formalizar o acordo, assegure-se de que todas as partes envolvidas estejam alinhadas e de acordo com os termos e condições finais. Isso pode envolver facilitar discussões entre as partes interessadas, esclarecer quaisquer mal-entendidos e buscar compromissos que equilibrem os interesses de todos os envolvidos. A construção de consenso fortalece a validade do acordo e estabelece uma base sólida para a implementação eficaz.

Fechamento com Cortesia e Profissionalismo: Quando chegar o momento de formalizar o acordo, faça-o com cortesia e profissionalismo. Certifique-se de que todos os termos acordados sejam documentados de maneira clara e compreensível. Agradeça à outra parte pelo seu compromisso e cooperação ao longo do processo de negociação. Este gesto não apenas reforça a relação comercial, mas também estabelece uma base positiva para futuras colaborações.

Avaliação e Melhoria Contínua: Após fechar o acordo, dedique tempo para avaliar o processo de negociação. Identifique pontos fortes e áreas de melhoria que possam ser aplicadas a futuras negociações. O aprendizado contínuo e a adaptação às necessidades do mercado garantem que você esteja sempre na vanguarda das negociações eficazes e vantajosas.

Dominar as técnicas finais para fechar acordos vantajosos e duradouros não é apenas uma habilidade, mas uma arte que pode ser aprimorada ao longo do tempo. Ao incorporar as estratégias discutidas neste capítulo, você estará melhor equipado para transformar oportunidades em resultados positivos e construir relacionamentos comerciais sustentáveis e mutuamente benéficos. Lembre-se sempre de que o fechamento do acordo não é apenas um evento, mas o começo de uma parceria que pode gerar valor por muitos anos.

Negociação De Condições E Compromissos De Forma Persuasiva

Negociar condições e compromissos de forma persuasiva é uma habilidade essencial para alcançar acordos mutuamente benéficos e sustentáveis. Neste capítulo, exploraremos as estratégias e técnicas fundamentais para influenciar positivamente o resultado das negociações, garantindo que suas propostas sejam aceitas com convicção e respeito mútuo.

Compreensão Profunda das Necessidades: O primeiro passo para negociar de forma persuasiva é ter uma compreensão profunda das necessidades e interesses da outra parte. Investigue e analise cuidadosamente as prioridades, metas e desafios que eles enfrentam. Quanto mais você entender suas motivações e preocupações, mais eficazmente poderá moldar suas propostas para alinhar-se com seus interesses.

Construção de Argumentos Baseados em Benefícios Mútuos: Ao apresentar suas propostas, concentre-se nos benefícios mútuos que serão alcançados com a aceitação das condições negociadas. Destaque como suas sugestões podem resolver problemas específicos ou aproveitar oportunidades identificadas pela outra parte. Articular claramente os ganhos e vantagens que eles obterão ao concordar com suas propostas fortalece sua posição persuasiva.

Utilização de Evidências e Dados Relevantes: Suporte seus argumentos com evidências sólidas e dados relevantes que demonstrem a eficácia e o impacto positivo das suas propostas. Estudos de caso, estatísticas confiáveis e exemplos concretos podem ajudar a validar suas sugestões e aumentar a confiança da outra parte na viabilidade das condições negociadas.

Flexibilidade e Capacidade de Compromisso: Ser persuasivo na negociação também envolve demonstrar flexibilidade e disposição para comprometer-se quando apropriado. Esteja preparado para explorar alternativas e ajustar suas propostas com base no feedback e nas contrapropostas da outra parte. Mostrar uma atitude colaborativa e aberta à negociação contribui para um ambiente de negociação mais construtivo e receptivo.

Construção de Relacionamento e Confiança: A persuasão eficaz na negociação não se resume apenas aos argumentos e dados apresentados; também envolve construir um relacionamento de confiança e respeito mútuo ao longo do processo. Invista tempo em estabelecer uma conexão pessoal, ouvindo atentamente e demonstrando empatia em relação às preocupações da outra parte. Um relacionamento positivo pode influenciar significativamente a disposição deles para aceitar suas propostas.

Habilidades de Comunicação Clara e Assertiva: A comunicação clara e assertiva desempenha um papel crucial na persuasão durante as negociações. Utilize uma linguagem direta e não ambígua para transmitir suas ideias e propostas. Esteja preparado para explicar detalhadamente os benefícios das condições negociadas e responder a quaisquer perguntas ou objeções de forma objetiva e confiante.

Negociar condições e compromissos de forma persuasiva é uma habilidade que pode ser aprimorada com prática e dedicação. Ao dominar as estratégias discutidas neste capítulo, você estará melhor preparado para influenciar positivamente o resultado das negociações, alcançando acordos que não apenas atendam às suas necessidades, mas também fortaleçam relacionamentos e promovam colaborações duradouras e mutuamente proveitosas. Lembre-se sempre de que a persuasão na negociação não é uma questão de manipulação, mas de apresentar argumentos convincentes e construir consenso com base em benefícios mútuos e confiança mútua.

CAPÍTULO 9 - ÉTICA NA NEGOCIAÇÃO PERSUASIVA

Negociar de forma persuasiva e ética é um equilíbrio delicado entre alcançar seus objetivos comerciais e respeitar os princípios morais e valores fundamentais. Neste capítulo, exploraremos como é possível aplicar técnicas persuasivas de maneira ética, garantindo que todas as partes envolvidas se sintam tratadas com justiça e respeito ao longo do processo de negociação.

Fundamentos da Ética na Negociação: A ética na negociação envolve agir com integridade e honestidade em todos os aspectos do processo. Isso inclui ser transparente sobre suas intenções, evitar enganos ou manipulações e respeitar os direitos e interesses legítimos da outra parte. Lembre-se de que uma negociação ética não se resume apenas a alcançar um acordo, mas também a preservar relacionamentos e reputações a longo prazo.

Construção de Relacionamentos de Confiança: Um dos pilares da negociação ética é a construção de relacionamentos baseados em confiança mútua. Isso significa investir tempo em conhecer as preocupações e prioridades da outra parte, ouvindo atentamente suas necessidades e mostrando empatia em relação às suas posições. Ao construir um ambiente de negociação baseado na confiança, você aumenta a probabilidade de alcançar um acordo mutuamente benéfico e duradouro.

Transparência nas Propostas e Condições: Durante a negociação persuasiva, é essencial ser transparente sobre suas propostas e condições. Apresente informações de forma clara e completa, evitando o uso de táticas enganosas ou ambíguas para influenciar a outra parte. Certifique-se de que todas as partes envolvidas entendam completamente os termos e implicações do acordo proposto, promovendo assim uma negociação justa e honesta.

Respeito pelos Limites e Interesses da Outra Parte: Negociar eticamente também requer respeitar os limites e interesses legítimos da outra parte. Isso envolve reconhecer suas necessidades e preocupações, e estar disposto a buscar soluções que sejam aceitáveis e equitativas para ambas as partes. Evite pressionar ou explorar a vulnerabilidade da outra parte, optando por abordagens colaborativas que promovam um resultado justo e sustentável.

Uso Responsável de Técnicas Persuasivas: Enquanto a persuasão é uma habilidade essencial na negociação, seu uso deve ser sempre responsável e ético. Isso inclui evitar manipulações emocionais, coação ou qualquer forma de comportamento que comprometa a autonomia ou dignidade da outra parte. Em vez disso, concentre-se em apresentar argumentos convincentes e construir consenso com base em benefícios mútuos e razões objetivas.

Reflexão e Melhoria Contínua: Após cada negociação, dedique tempo para refletir sobre o processo e avaliar se suas ações estiveram alinhadas com princípios éticos. Identifique áreas onde você pode melhorar sua abordagem ética e aplique essas lições aprendidas em negociações futuras. A ética na negociação não é apenas uma responsabilidade moral, mas também um diferencial competitivo que pode fortalecer sua reputação e relacionamentos comerciais a longo prazo.

Negociar de forma persuasiva e ética não é apenas possível, mas essencial para construir relacionamentos comerciais sustentáveis e positivos. Ao adotar uma abordagem ética na negociação, você não apenas alcança resultados satisfatórios, mas também contribui para um ambiente de negócios onde a integridade e o respeito são valorizados e recompensados. Lembre-se de que cada negociação ética é uma oportunidade para reforçar sua reputação como um negociador confiável e responsável, capaz de alcançar acordos vantajosos para todas as partes envolvidas.

Considerações Éticas Ao Aplicar Técnicas Persuasivas Na Negociação

Negociar eficazmente envolve não apenas dominar técnicas persuasivas, mas também aplicá-las de maneira ética e responsável. Neste capítulo, exploraremos as considerações éticas fundamentais que devem orientar o uso de técnicas persuasivas durante o processo de negociação, garantindo que todas as partes envolvidas sejam tratadas com respeito, integridade e equidade.

O Equilíbrio entre Persuasão e Ética: Negociar é um ato de equilíbrio entre alcançar seus objetivos e respeitar os direitos e interesses legítimos da outra parte. Ao aplicar técnicas persuasivas, é essencial considerar como suas ações podem impactar a autonomia e dignidade da outra parte. Opte por abordagens que promovam um resultado justo e mutuamente benéfico, sem comprometer princípios éticos fundamentais.

Transparência e Honestidade: Um princípio básico da ética na negociação é a transparência total sobre suas intenções, propostas e condições. Evite o uso de informações enganosas ou ambíguas para influenciar a outra parte. Mantenha uma comunicação clara e honesta, garantindo que todas as partes envolvidas entendam completamente os termos e implicações do acordo proposto.

Respeito pelos Limites e Interesses da Outra Parte: Ao aplicar técnicas persuasivas, demonstre respeito pelos limites e interesses legítimos da outra parte. Isso envolve ouvir atentamente suas preocupações, reconhecer suas necessidades e estar aberto a compromissos que sejam justos e equitativos para ambas as partes. Evite pressionar ou explorar a vulnerabilidade da outra parte em prol de vantagens pessoais.

Evitar Manipulações e Coerções: É fundamental evitar o uso de manipulações emocionais, coações ou qualquer forma de comportamento que possa comprometer a livre vontade da outra parte. Persuadir com integridade significa focar em apresentar argumentos convincentes e construir consenso com base em benefícios mútuos e razões objetivas, não em táticas que possam ser percebidas como desleais ou injustas.

Construção de Relacionamentos de Confiança: Um aspecto central da negociação ética é a construção de relacionamentos baseados em confiança mútua. Investir tempo em estabelecer uma conexão genuína, ouvindo atentamente e mostrando empatia em relação às preocupações da outra parte, cria um ambiente de negociação mais colaborativo e receptivo. Relacionamentos sólidos são fundamentais para negociações duradouras e positivas.

Avaliação Contínua e Melhoria Ética: Após cada negociação, dedique tempo para avaliar suas ações à luz dos princípios éticos discutidos. Identifique áreas onde você pode melhorar sua abordagem ética e aplique essas lições aprendidas em negociações futuras. A ética na negociação não é uma linha de chegada, mas um compromisso contínuo de agir com integridade e responsabilidade em todas as interações comerciais.

Considerar as implicações éticas ao aplicar técnicas persuasivas na negociação não é apenas uma escolha moral, mas uma estratégia inteligente para construir relacionamentos duradouros e alcançar resultados positivos. Ao adotar uma abordagem ética, você não apenas fortalece sua reputação como um negociador confiável e respeitável, mas também contribui para um ambiente de negócios onde a honestidade, transparência e justiça são valorizados. Lembre-se sempre de que a ética na negociação não é um obstáculo, mas sim um facilitador para alcançar acordos que sejam sustentáveis e mutuamente benéficos para todas as partes envolvidas.

Como Manter A Integridade Pessoal E Profissional Durante O Processo

Negociar é mais do que um simples jogo de interesses; é um teste constante da nossa integridade pessoal e profissional. Neste capítulo, exploraremos estratégias fundamentais para garantir que você possa navegar pelo processo de negociação com integridade, preservando sua reputação e respeitando seus princípios éticos.

A Importância da Integridade na Negociação: Manter a integridade durante o processo de negociação é essencial não apenas para construir relacionamentos duradouros, mas também para estabelecer uma base sólida de confiança mútua. A integridade envolve agir com honestidade, transparência e responsabilidade em todas as interações, independentemente das pressões ou tentações que possam surgir.

Clarificação de Princípios e Valores Pessoais: Antes de entrar em qualquer negociação, é crucial ter uma compreensão clara dos seus próprios princípios e valores pessoais. Reflita sobre o que é mais importante para você em termos de ética e conduta profissional. Defina limites claros sobre o que você está disposto a fazer e quais comportamentos você considera inaceitáveis, mesmo em situações de negociação desafiadoras.

Foco em Relacionamentos de Longo Prazo: Em vez de buscar apenas ganhos de curto prazo, concentre-se em construir relacionamentos de negócios de longo prazo baseados em confiança e respeito mútuo. Mantenha uma visão estratégica que considere não apenas o resultado imediato da negociação, mas também o impacto potencial nas futuras colaborações e parcerias. Lembre-se de que a integridade é um investimento no seu futuro profissional.

Transparência e Comunicação Aberta: Durante o processo de negociação, seja transparente sobre suas intenções, propostas e condições. Evite o uso de informações enganosas ou táticas manipulativas que possam comprometer a confiança da outra parte. Mantenha uma comunicação aberta e honesta, garantindo que todas as partes envolvidas entendam completamente os termos e implicações do acordo proposto.

Resistência a Pressões Externas: Negociações podem frequentemente envolver pressões externas, sejam elas de prazos apertados, expectativas elevadas ou incentivos financeiros. Mantenha-se firme aos seus princípios éticos e resistente a qualquer pressão que possa comprometer sua integridade pessoal e profissional. Esteja preparado para tomar decisões difíceis que estejam alinhadas com seus valores, mesmo que isso signifique recusar acordos que não atendam aos padrões éticos estabelecidos.

Avaliação Contínua e Aprendizado: Após cada negociação, reserve um tempo para refletir sobre o processo e avaliar se suas ações estiveram alinhadas com seus princípios éticos. Identifique áreas onde você pode melhorar sua abordagem ética e aplique essas lições aprendidas em futuras negociações. O aprendizado contínuo e a adaptação às circunstâncias garantem que você permaneça fiel aos seus valores enquanto continua a crescer profissionalmente.

Manter a integridade pessoal e profissional durante o processo de negociação não é apenas uma questão de moralidade, mas também de sustentabilidade e sucesso a longo prazo. Ao seguir as estratégias discutidas neste capítulo, você estará equipado para enfrentar desafios de negociação com confiança, respeitando seus princípios éticos e construindo relacionamentos significativos e produtivos. Lembre-se sempre de que a integridade é um ativo valioso que não tem preço e que define sua reputação no mundo dos negócios e além.

CAPÍTULO 10 - ADAPTANDO-SE AO FUTURO DA NEGOCIAÇÃO

Negociar no século XXI é um exercício dinâmico e em constante evolução, moldado por avanços tecnológicos, mudanças culturais e novas demandas globais. Neste capítulo, exploraremos como os profissionais podem se adaptar ao futuro da negociação, adotando estratégias inovadoras e habilidades essenciais para enfrentar os desafios emergentes e aproveitar as oportunidades que o ambiente de negócios moderno oferece.

Compreensão das Tendências Emergentes: Para se adaptar ao futuro da negociação, é fundamental estar atento às tendências emergentes no cenário global. Isso inclui o impacto crescente da digitalização, a influência das redes sociais na formação de opiniões e decisões, e a crescente ênfase em sustentabilidade e responsabilidade social corporativa. Manter-se informado sobre essas tendências permite que você antecipe mudanças e ajuste suas estratégias de negociação de acordo.

Domínio das Tecnologias Emergentes: As tecnologias emergentes estão transformando profundamente a forma como as negociações são conduzidas. Da inteligência artificial à análise de big data, e plataformas de negociação online, os profissionais de hoje precisam dominar essas ferramentas para otimizar processos, aumentar a eficiência e obter insights valiosos para tomar decisões informadas. A habilidade de integrar tecnologia de maneira eficaz na negociação será crucial para o sucesso futuro.

Flexibilidade e Adaptabilidade Cultural: Em um mundo cada vez mais globalizado, a negociação eficaz requer uma compreensão profunda das diferenças culturais e uma capacidade de adaptar suas abordagens conforme necessário. Ser capaz de se comunicar com sensibilidade cultural, entender normas sociais e valores diferentes, e adaptar seu estilo de negociação para se adequar às preferências da outra parte é essencial para construir relacionamentos robustos e alcançar acordos significativos.

Empatia e Inteligência Emocional: Em um ambiente de negociação cada vez mais complexo, as habilidades interpessoais como empatia e inteligência emocional se tornam ainda mais importantes. Compreender as emoções e motivações da outra parte, saber gerenciar conflitos e construir confiança são habilidades que podem diferenciar um negociador bem-sucedido daqueles que enfrentam dificuldades. Cultivar essas habilidades permite criar conexões genuínas e facilitar negociações mais colaborativas e produtivas.

Inovação em Estratégias de Negociação: A adaptação ao futuro da negociação requer uma abordagem inovadora para o desenvolvimento de estratégias. Isso pode incluir a exploração de novos modelos de negócios, como parcerias estratégicas e colaborações interorganizacionais, bem como a adoção de abordagens mais ágeis e orientadas para resultados. A capacidade de pensar fora da caixa e experimentar novas abordagens ajudará a enfrentar desafios imprevistos e explorar oportunidades emergentes.

Desenvolvimento Contínuo e Aprendizado: Para se manter relevante no futuro da negociação, é essencial cultivar uma mentalidade de desenvolvimento contínuo e aprendizado. Isso pode envolver a participação em cursos de atualização, workshops e seminários, bem como a busca por mentoria de profissionais experientes. Manter-se atualizado com as melhores práticas e tendências emergentes garantirá que você esteja sempre um passo à frente na negociação estratégica.

Adaptar-se ao futuro da negociação não se trata apenas de adotar novas tecnologias ou seguir tendências passageiras; é um compromisso com a evolução constante e aprimoramento das habilidades necessárias para prosperar em um ambiente empresarial em mudança. Ao incorporar as estratégias discutidas neste capítulo, você estará melhor preparado não apenas para enfrentar os desafios futuros, mas também para liderar o caminho em direção a resultados positivos e inovadores na negociação global. Lembre-se de que a adaptação é a chave para o sucesso duradouro, e que o futuro pertence aos negociadores que abraçam a mudança com criatividade, flexibilidade e ética.

Perspectivas Futuras E Tendências Na Negociação Persuasiva

Ao olharmos para o horizonte da negociação persuasiva, vislumbramos um panorama de evolução e transformação impulsionado pelas demandas crescentes da era digital e das interações globais. Este capítulo explora algumas das tendências emergentes e possíveis futuros que moldarão o campo da negociação persuasiva nas próximas décadas.

Tecnologia e Digitalização: A revolução digital tem sido um catalisador fundamental na evolução da negociação persuasiva. Plataformas de videoconferência, inteligência artificial e análise de dados estão remodelando a forma como as negociações são conduzidas. A utilização de algoritmos para prever comportamentos e preferências dos negociadores está se tornando cada vez mais comum, permitindo uma personalização ainda maior das estratégias persuasivas.

Globalização e Diversidade Cultural: À medida que o mundo se torna mais interconectado, as negociações persuasivas estão sendo desafiadas pela diversidade cultural e pelas diferenças no estilo de comunicação. Compreender as nuances culturais e adaptar as estratégias persuasivas para diferentes contextos é crucial para o sucesso em um ambiente globalizado.

Ética e Sustentabilidade: Há uma crescente conscientização sobre a ética na negociação persuasiva, com um movimento em direção a práticas mais transparentes e sustentáveis. Negociadores persuasivos estão sendo chamados não apenas a maximizar os resultados financeiros, mas também a considerar o impacto social e ambiental de suas negociações.

Inteligência Emocional e Empatia: A medida que a automação e a tecnologia avançam, habilidades humanas como a inteligência emocional e a empatia estão se tornando ainda mais valorizadas. Negociadores persuasivos do futuro serão aqueles capazes de ler e influenciar emoções, construindo relacionamentos sólidos e duradouros baseados na confiança mútua.

Colaboração e Cooperação: Uma tendência emergente na negociação persuasiva é o movimento em direção a estratégias colaborativas e cooperativas. Em vez de uma abordagem competitiva tradicional, negociadores estão explorando formas de criar valor conjunto e encontrar soluções que beneficiem todas as partes envolvidas.

Educação E Desenvolvimento Profissional

A demanda por habilidades de negociação persuasiva está crescendo, levando a um aumento na educação e no desenvolvimento profissional nesta área. Programas de treinamento estão se adaptando para incorporar novas tecnologias e estratégias emergentes, preparando os negociadores do futuro para os desafios e oportunidades que os esperam.

Em suma, as perspectivas futuras da negociação persuasiva são empolgantes e desafiadoras. À medida que nos adaptamos a um mundo em constante mudança, a capacidade de entender e influenciar as mentes e os corações dos outros continuará a ser uma habilidade essencial. Aqueles que dominarem as tendências emergentes e adotarem uma abordagem ética e orientada para o futuro estarão bem posicionados para navegar pelas complexidades da negociação persuasiva no século XXI.

Como Se Preparar Para Mudanças E Inovações No Campo Da Negociação

A habilidade de se adaptar a mudanças e abraçar inovações no campo da negociação é essencial para prosperar em um ambiente empresarial dinâmico e competitivo. Neste capítulo, exploraremos estratégias práticas e princípios fundamentais para preparar-se eficazmente para as transformações que estão moldando o cenário das negociações modernas.

Cultive uma Mentalidade de Abertura e Flexibilidade: Um dos primeiros passos para se preparar para mudanças e inovações é desenvolver uma mentalidade que valorize a abertura e a flexibilidade. Esteja disposto a questionar métodos tradicionais, experimentar novas abordagens e adaptar-se rapidamente às novas realidades do mercado. A flexibilidade mental permite que você explore novas ideias e técnicas sem ficar preso a paradigmas obsoletos.

Mantenha-se Atualizado com as Tendências Emergentes: Manter-se informado sobre as tendências emergentes no campo da negociação é crucial para antecipar mudanças e aproveitar oportunidades. Dedique tempo para estudar casos de estudo, participar de seminários e workshops, e seguir influenciadores e especialistas no setor. Isso não apenas amplia seu conhecimento, mas também o mantém à frente da curva em relação às melhores práticas e tecnologias emergentes.

Invista em Educação e Desenvolvimento Profissional Contínuo: O aprendizado contínuo é fundamental para se manter relevante e competitivo no campo da negociação. Considere participar de cursos especializados, obter certificações relevantes e buscar oportunidades de mentoria com profissionais experientes. A educação contínua não só aprimora suas habilidades técnicas, como também fortalece sua confiança e capacidade de liderança durante negociações desafiadoras.

Desenvolva Habilidades de Adaptação e Resolução de Problemas: Em um ambiente de negociação em constante evolução, a habilidade de adaptar-se rapidamente a novas circunstâncias e resolver problemas de forma eficaz é inestimável. Pratique a resolução criativa de problemas e esteja preparado para enfrentar obstáculos imprevistos com calma e determinação. Isso não só aumenta sua capacidade de lidar com situações adversas, mas também reforça sua reputação como negociador confiável e resiliente.

Cultive Relacionamentos e Redes de Apoio: Os relacionamentos são a base de negociações bem-sucedidas. Cultive redes de apoio dentro e fora da sua organização, incluindo colegas, mentores, clientes e parceiros comerciais. Essas conexões não apenas oferecem suporte emocional e estratégico, mas também proporcionam insights valiosos sobre as mudanças no mercado e oportunidades de colaboração.

Esteja Aberto à Inovação Tecnológica: A tecnologia está transformando rapidamente o campo da negociação, oferecendo novas ferramentas e plataformas para facilitar processos e melhorar resultados. Esteja aberto à adoção de novas tecnologias que possam otimizar suas negociações, como inteligência artificial para análise de dados, plataformas de colaboração online e sistemas de gestão de relacionamento com o cliente (CRM).

Ao preparar-se para mudanças e inovações no campo da negociação, você não apenas fortalece sua capacidade de sucesso, mas também contribui para a criação de um ambiente de negócios mais dinâmico e colaborativo. Mantenha-se curioso, adaptável e comprometido com o aprendizado contínuo - esses são os pilares que sustentam a excelência na negociação no mundo moderno.

CONCLUSÃO - O CAMINHO DIRETO PARA ACORDOS DE SUCESSO

Ao final desta jornada, através das estratégias e princípios fundamentais da negociação persuasiva, é crucial refletir sobre o caminho que nos conduz aos acordos de sucesso. Durante todo o percurso, exploramos como a preparação meticulosa, a comunicação eficaz e a construção de relacionamentos sólidos são os alicerces sobre os quais se erguem negociações bem-sucedidas.

Recapitulação Dos Princípios-Chave Da Negociação Persuasiva
Preparação: A Chave para a Confiança e o Controle

A preparação meticulosa é o alicerce sobre o qual se constrói qualquer negociação persuasiva bem-sucedida. Desde o entendimento profundo dos interesses e necessidades das partes envolvidas até a análise cuidadosa dos cenários possíveis, a preparação não apenas aumenta a confiança pessoal, mas também oferece o controle necessário para guiar a negociação rumo a um desfecho favorável.

Comunicação: O Poder das Palavras e da Escuta Ativa

A habilidade de comunicar de forma clara, persuasiva e empática é essencial para estabelecer uma conexão genuína com os outros negociadores. Através da articulação cuidadosa de argumentos e da prática da escuta ativa, podemos não apenas transmitir nossas próprias necessidades e propostas, mas também compreender profundamente as perspectivas e interesses das partes contrárias. A comunicação eficaz transcende as palavras, sendo também um instrumento para construir confiança e alinhar expectativas.

Relacionamentos: A Base para Negociações Sustentáveis

Os relacionamentos construídos ao longo do tempo são a essência das negociações persuasivas duradouras e mutuamente benéficas. Investir no fortalecimento de laços pessoais e profissionais, cultivando confiança e respeito mútuos, não apenas facilita acordos imediatos, mas também cria um ambiente propício para futuras colaborações e entendimentos.

Flexibilidade: Adaptando-se às Mudanças e Oportunidades

Embora a preparação seja crucial, a flexibilidade é a qualidade que permite ajustar estratégias e táticas em resposta às mudanças nas circunstâncias e às novas informações que surgem durante a negociação. Ser capaz de adaptar-se rapidamente e explorar novas oportunidades pode ser a diferença entre um acordo satisfatório e um verdadeiramente excelente.

Ética: Fundamento de Relações Duradouras e Respeitosas

Em todos os passos do caminho para acordos de sucesso, a ética deve guiar nossas ações e decisões. Negociar de maneira justa e transparente não só fortalece a credibilidade pessoal, mas também estabelece bases sólidas para relacionamentos duradouros e respeitosos entre todas as partes envolvidas.

Rumo ao Futuro: Continuando a Aperfeiçoar e Inovar

À medida que nos despedimos deste estudo sobre o caminho direto para acordos de sucesso, é importante lembrar que a jornada da negociação persuasiva é contínua e evolutiva. Aperfeiçoar nossas habilidades, aprender com cada experiência e estar aberto à inovação nos capacitará não apenas para alcançar nossos objetivos imediatos, mas também para moldar um futuro de colaboração e prosperidade compartilhada.

Que este livro seja não apenas um guia prático, mas também uma fonte de inspiração contínua para todos aqueles que buscam dominar a arte da negociação persuasiva e alcançar acordos que transcendam o meramente satisfatório, alcançando patamares de verdadeiro sucesso e realização pessoal e profissional.

Passos Para Continuar Desenvolvendo Habilidades De Persuasão Ao Longo Da Vida Profissional

Desenvolver habilidades de persuasão é um compromisso contínuo que não se limita aos estágios iniciais da carreira, mas que se estende ao longo de toda a vida profissional. Neste capítulo, exploraremos passos práticos e estratégias eficazes para aprimorar suas habilidades de persuasão ao longo do tempo, garantindo sua relevância e eficácia em um ambiente empresarial em constante evolução.

Educação Continuada e Aprendizado Ativo

O aprendizado contínuo é fundamental para o desenvolvimento de habilidades de persuasão ao longo da vida profissional. Mantenha-se atualizado com as tendências e melhores práticas da área participando de cursos, workshops, seminários e conferências relevantes. Explore também recursos online, como webinars e podcasts, que oferecem insights valiosos e casos de estudo sobre negociação e comunicação persuasiva.

Prática Regular e Feedback Construtivo

Assim como em qualquer habilidade, a prática é essencial para aprimorar suas habilidades de persuasão. Procure oportunidades para aplicar técnicas persuasivas no dia a dia do trabalho, seja em reuniões, apresentações ou negociações formais. Busque feedback construtivo de colegas, mentores ou mesmo de clientes para identificar áreas de melhoria e pontos fortes que você pode capitalizar.

Desenvolvimento de Habilidades Complementares

As habilidades de persuasão são complementadas por uma série de competências inter-relacionadas. Invista no desenvolvimento de habilidades como inteligência emocional, empatia, habilidades de liderança e gestão de conflitos. Essas habilidades não apenas melhoram sua capacidade de persuadir, mas também fortalecem sua capacidade de construir relacionamentos e liderar equipes de maneira eficaz.

Networking e Construção de Relacionamentos

O networking eficaz é fundamental para expandir suas oportunidades de aplicar suas habilidades de persuasão e aprender com outros profissionais experientes. Participe de eventos de networking, associações profissionais e grupos de interesse para conhecer novas pessoas, trocar ideias e compartilhar experiências. Construir relacionamentos autênticos e de confiança também aumenta sua influência e credibilidade como negociador persuasivo.

Feedback e Autoavaliação Constante

Mantenha um ciclo contínuo de feedback e autoavaliação para monitorar seu progresso no desenvolvimento de habilidades de persuasão. Regularmente, revise suas interações e resultados de negociação para identificar áreas de melhoria e oportunidades de crescimento. Seja honesto consigo mesmo ao reconhecer seus pontos fortes e áreas a serem desenvolvidas, buscando sempre evoluir e adaptar suas estratégias conforme necessário.

Adaptabilidade e Resiliência

Em um ambiente de negócios dinâmico, a adaptabilidade e a Resiliência são qualidades essenciais para sustentar o desenvolvimento contínuo de habilidades de persuasão. Esteja aberto a novas ideias, técnicas e tecnologias que possam aprimorar suas abordagens persuasivas. Aprenda com os desafios e fracassos, transformando essas experiências em oportunidades de crescimento pessoal e profissional.

Desenvolver habilidades de persuasão ao longo da vida profissional não é apenas uma meta alcançável, mas também um imperativo para o sucesso contínuo em um mercado competitivo. Ao seguir os passos delineados neste capítulo - educando-se continuamente, praticando regularmente, desenvolvendo habilidades complementares, construindo relacionamentos sólidos, buscando feedback constante e sendo adaptável - você estará não apenas fortalecendo suas habilidades de persuasão, mas também posicionando-se para alcançar resultados excepcionais em sua carreira. Que este capítulo sirva como um guia prático e inspirador para sua jornada de crescimento contínuo e excelência na arte da persuasão profissional.

FRASES QUE IMPULSIONAM SUAS VENDAS: A ARTE DA NEGOCIAÇÃO

🎬 "Como posso ajudar a tornar esta decisão mais fácil para você?"

🎬 "Estamos quase lá. O que mais podemos ajustar para fechar negócio hoje?"

🎬 "Nossa solução foi projetada especificamente para otimizar seus resultados."

🎬 "Você concorda que nossa proposta oferece um excelente retorno sobre investimento?"

🎬 "Estou confiante de que podemos encontrar um acordo que seja benéfico para ambos os lados."

🎬 "Vamos explorar juntos como nossa solução pode resolver seus desafios."

🎬 "Existe alguma outra informação que você gostaria de saber para tomar sua decisão?"

🎬 "Posso explicar como nossa solução se diferencia da concorrência?"

🎬 "Você já considerou como nossa solução pode simplificar seus processos?"

- "Podemos ajustar os termos para melhor atender às suas necessidades?"

- "Que tal começarmos com uma versão de teste para você ver os resultados?"

- "Estou aqui para garantir que sua transição seja suave e eficiente."

- "Quais são seus principais objetivos para este trimestre? Podemos ajudar a alcançá-los."

- "Nossa tecnologia está pronta para levar seu negócio para o próximo nível."

- "Estou disponível para discutir qualquer dúvida ou preocupação que você tenha."

- "Podemos agendar uma demonstração para mostrar como nossa solução funciona na prática?"

- "Vamos revisar juntos os benefícios que você receberá ao implementar nossa solução."

- "Posso apresentar casos de sucesso de clientes que enfrentavam desafios semelhantes aos seus."

- "Qual é o prazo que você está considerando para a implementação dessa solução?"

🎬 "Estou comprometido em oferecer suporte contínuo após a implementação."

🎬 "Podemos personalizar nossa oferta para se alinhar melhor com seus requisitos específicos."

🎬 "Você gostaria de discutir opções de financiamento para facilitar esta transação?"

🎬 "Estamos prontos para começar assim que você der o sinal verde."

🎬 "Posso providenciar uma reunião com nossa equipe técnica para responder suas perguntas detalhadas."

🎬 "Estou aqui para ajudar você a tomar uma decisão informada e confiante."

🎬 "Que tal explorarmos como nossa solução pode economizar tempo e recursos para sua equipe?"

🎬 "Podemos oferecer treinamento personalizado para garantir que todos estejam confortáveis com a nova solução."

🎬 "Estou disponível para negociar os termos que melhor atendem aos seus interesses."

🎬 "Nossa solução é escalável, acompanhando o crescimento e as mudanças do seu negócio."

🎬 "Posso fornecer um relatório detalhado de ROI para ajudar você a justificar o investimento."

🎬 "Você gostaria de ver um estudo de caso que destaque como nossa solução resolveu desafios semelhantes?"

🎬 "Estamos comprometidos em fornecer uma implementação sem interrupções para sua equipe."

🎬 "Estou aqui para garantir que você obtenha o máximo valor de nossa parceria."

🎬 "Podemos discutir como nossa solução pode ser integrada perfeitamente ao seu ambiente atual."

🎬 "Estamos prontos para personalizar nossa oferta para atender especificamente às suas necessidades."

🎬 "Posso colocar você em contato com um de nossos clientes satisfeitos para compartilhar suas experiências?"

🎬 "Que tal explorarmos juntos como nossa solução pode aumentar sua eficiência operacional?"

🎬 "Podemos oferecer uma solução sob medida que se adapte à sua estratégia de longo prazo."

🎬 "Estou comprometido em ajudá-lo a atingir seus objetivos comerciais de maneira eficaz."

🎬 "Você gostaria de discutir opções de suporte técnico e manutenção após a implementação?"

🎬 "Estou aqui para simplificar o processo e garantir uma transição tranquila para nossa solução."

🎬 "Podemos adaptar nossa proposta para refletir melhor as suas prioridades atuais."

🎬 "Que tal explorarmos como nossa solução pode reduzir seus custos operacionais?"

🎬 "Estamos prontos para iniciar assim que você estiver pronto para avançar."

🎬 "Posso fornecer um cronograma detalhado para a implementação desta solução?"

🎬 "Estou aqui para resolver qualquer dúvida ou preocupação que você possa ter."

🎬 "Podemos oferecer uma demo ao vivo para que você veja nossa solução em ação."

🎬 "Que tal discutirmos como nossa solução pode melhorar sua posição no mercado?"

🎬 "Estamos comprometidos em oferecer um suporte excepcional ao cliente durante todo o ciclo de vida da nossa solução."

🎬 "Posso apresentar uma proposta final que reflita todas as nossas discussões e ajustes?"

GLOSSÁRIO DE TERMOS RELACIONADOS À NEGOCIAÇÃO E PERSUASÃO

Aqui está uma lista abrangente que inclui diversos termos fundamentais nesse campo:

Abertura: Atitude de estar disposto a explorar opções e discutir abertamente durante uma negociação, facilitando um diálogo produtivo e construtivo.

Acordo Ganha-Ganha: Resultado de uma negociação em que todas as partes envolvidas obtêm benefícios satisfatórios, criando valor mútuo.

Análise de Consequências: Avaliação dos impactos e resultados potenciais de diferentes decisões durante uma negociação, considerando benefícios e riscos envolvidos.

Área de Conflito: Tópico específico ou questão sobre a qual as partes envolvidas discordam durante uma negociação, exigindo resolução ou compromisso.

Argumentação: Processo de apresentar razões lógicas e persuasivas para apoiar um ponto de vista ou posição durante uma negociação.

Argumento Forte: Ponto de vista ou posição defendida com evidências sólidas e lógicas durante uma negociação, influenciando a persuasão e tomada de decisões.

Autonomia de Decisão: Capacidade de tomar decisões independentes e sem restrições externas durante uma negociação, garantindo liberdade e flexibilidade.

Barganha: Processo de negociação em que as partes buscam chegar a um acordo por meio de concessões mútuas.

BATNA (Best Alternative to a Negotiated Agreement): Alternativa melhor para um acordo negociado, sendo a melhor opção disponível caso a negociação atual não resulte em um acordo satisfatório.

Benchmarking: Comparação sistemática de práticas, processos ou desempenho organizacional durante uma negociação, visando identificar melhores práticas e oportunidades de melhoria.

Carga Emocional: Intensidade ou impacto emocional associado a uma questão discutida durante uma negociação, afetando a dinâmica e tomada de decisões.

Cenário de Não Acordo: Situação em que as partes não conseguem chegar a um acordo durante uma negociação, muitas vezes levando à interrupção das negociações.

Cláusula de Rescisão: Condição ou disposição legal que permite a rescisão de um acordo ou contrato durante uma negociação, se certas condições não forem cumpridas.

Comprometimento: Disposição ou acordo de cumprir termos ou condições estabelecidas durante uma negociação, garantindo responsabilidade e confiança.

Comunicação Persuasiva: Habilidade de transmitir mensagens de forma a influenciar atitudes, comportamentos ou decisões de outras pessoas.

Concessão Mútua: Troca de benefícios ou concessões entre as partes envolvidas em uma negociação, visando alcançar um acordo equilibrado e satisfatório.

Concessão: Ato de ceder algo durante uma negociação para alcançar um acordo satisfatório para ambas as partes.

Concorrência Desleal: Práticas ou estratégias antiéticas usadas por uma parte para obter vantagem injusta sobre outras durante uma negociação, prejudicando a equidade.

Confiança: Crença na integridade, capacidade e honestidade das partes envolvidas em uma negociação, facilitando um ambiente de colaboração.

Conflito de Interesses: Situação em que as metas ou objetivos de diferentes partes são incompatíveis, o que pode dificultar o processo de negociação.

Consentimento Informado: Aceitação consciente e voluntária dos termos e condições de um acordo durante uma negociação, baseada em entendimento completo e esclarecido.

Contraproposta: Resposta ou oferta alternativa feita por uma parte durante uma negociação, em resposta a uma proposta inicial.

Contrato de Confidencialidade: Acordo formal entre as partes envolvidas em uma negociação para proteger informações confidenciais ou sensíveis compartilhadas durante o processo.

Cooperação: Colaboração e trabalho conjunto entre as partes envolvidas em uma negociação, promovendo um ambiente de confiança e respeito mútuo.

Correção de Curso: Ajuste ou modificação de estratégias ou planos durante uma negociação, em resposta a mudanças nas circunstâncias ou novas informações.

Credibilidade: Qualidade percebida de confiança e competência que influencia a persuasão durante uma negociação.

Criatividade: Capacidade de encontrar soluções originais e inovadoras durante uma negociação, contribuindo para o sucesso de acordos integrativos.

Cultura de Negociação: Conjunto de normas, valores e práticas compartilhadas que influenciam como as negociações são conduzidas em uma organização, sociedade ou grupo cultural.

Cultura Organizacional: Valores, normas e práticas compartilhadas que moldam o comportamento e as interações durante uma negociação dentro de uma organização.

Decisão Baseada em Dados: Uso de informações e análises quantitativas durante uma negociação para fundamentar escolhas e maximizar resultados.

Decisão de Risco: Tomada de decisão durante uma negociação que envolve um grau de incerteza em relação aos resultados futuros.

Definição de Objetivos: Processo de identificar claramente os resultados desejados de uma negociação antes de iniciar o processo.

Delegação de Autoridade: Ato de autorizar uma pessoa ou equipe a tomar decisões em nome de outra durante uma negociação.

Delegação de Responsabilidades: Atribuição de tarefas ou funções específicas a indivíduos ou equipes durante uma negociação, visando eficiência e especialização.

Determinação de Preços: Processo de estabelecer valores monetários ou custos associados a produtos ou serviços discutidos durante uma negociação, influenciando condições financeiras.

Diálogo Construtivo: Comunicação aberta, respeitosa e eficaz entre as partes envolvidas em uma negociação, promovendo entendimento mútuo e colaboração.

Dilema Ético: Situação durante uma negociação que envolve escolhas difíceis entre opções moralmente justificáveis.

Diligência: Cuidado e atenção detalhada dedicados à preparação e execução de uma negociação, garantindo precisão e eficácia.

Dinâmica de Grupo: Interactions and relationships among group members during a negotiation, affecting decision-making and outcomes.

Diplomacia: Habilidade de gerenciar relações complexas e sensíveis entre as partes envolvidas em uma negociação, facilitando acordos e entendimentos mútuos.

Direitos de Propriedade Intelectual: Direitos legais e exclusivos sobre invenções, criatividades e designs discutidos durante uma negociação, protegendo interesses comerciais.

Distribuição de Recursos: Atribuição ou alocação de recursos materiais, financeiros ou humanos durante uma negociação, otimizando eficiência e equidade.

Eficiência Operacional: Uso eficaz de recursos disponíveis durante uma negociação para maximizar resultados e minimizar desperdícios.

Equidade: Princípio de justiça e imparcialidade aplicado às interações e decisões durante uma negociação, promovendo condições justas para todas as partes.

Escuta Ativa: Habilidade de ouvir atentamente e com empatia durante uma negociação, facilitando a compreensão das preocupações e perspectivas das partes envolvidas.

Estratégia de Negociação: Plano ou abordagem delineada para alcançar objetivos específicos durante uma negociação, considerando variáveis como interesses das partes, tempo e recursos disponíveis.

Estratégia de Saída: Plano ou procedimento estabelecido para encerrar uma negociação de forma controlada e eficaz, protegendo interesses e minimizando impactos negativos.

Expectativas Realistas: Avaliação objetiva e precisa das metas e resultados potenciais durante uma negociação, considerando limitações e oportunidades.

Fechamento: Etapa final de uma negociação em que os termos e condições do acordo são finalizados e aceitos por todas as partes envolvidas.

Feedback Construtivo: Comentários informativos e úteis fornecidos durante uma negociação para melhorar desempenho, comunicação e resultados.

Flexibilidade de Negociação: Capacidade de adaptar estratégias, planos e exigências durante uma negociação para responder a mudanças e desafios.

Flexibilidade: Capacidade de adaptar-se a mudanças nas circunstâncias ou condições durante uma negociação, facilitando ajustes necessários para alcançar um acordo.

Foco em Resultados: Ênfase em alcançar objetivos e metas específicas durante uma negociação, priorizando a eficácia e a realização de resultados tangíveis.

Fórmula de Compromisso: Método ou abordagem usada para chegar a um acordo equilibrado e satisfatório entre as partes envolvidas em uma negociação.

Gestão de Conflitos: Processo de identificar, abordar e resolver diferenças de opinião ou interesses entre as partes envolvidas em uma negociação.

Gestão de Expectativas: Gerenciamento de percepções e previsões das partes envolvidas durante uma negociação, promovendo compreensão e aceitação de resultados.

Habilidade Interpessoal: Capacidade de interagir eficazmente com outras pessoas durante uma negociação, construindo relacionamentos e facilitando o acordo.

Impacto Social: Influência das normas sociais, valores culturais e expectativas sobre o comportamento das partes envolvidas em uma negociação.

Influência Social: Capacidade de influenciar o comportamento ou decisões de outras pessoas durante uma negociação, baseada em normas sociais, status ou poder percebido.

Inteligência Emocional: Capacidade de reconhecer, compreender e gerenciar emoções próprias e dos outros durante uma negociação, contribuindo para decisões mais informadas e relações mais harmoniosas.

Interação Grupal: Relacionamentos e interações entre membros de um grupo durante uma negociação, afetando a tomada de decisões e os resultados.

Liderança de Opinião: Influência exercida por indivíduos considerados especialistas ou autoridades em determinado campo, que pode ser utilizada para persuadir outras pessoas durante negociações.

Limites de Negociação: Condições ou restrições que definem o máximo ou mínimo aceitável para uma parte durante uma negociação, influenciando os termos finais do acordo.

Mediação: Processo de facilitação de negociações entre partes em conflito por um terceiro imparcial, visando alcançar um acordo mutuamente aceitável.

Metas SMART: Objetivos específicos, mensuráveis, alcançáveis, relevantes e com prazo determinado, usados para orientar uma negociação eficaz.

Motivação Intrínseca: Motivação interna baseada no interesse pessoal ou satisfação derivada da realização de uma tarefa ou objetivo durante uma negociação.

Negociação Competitiva: Abordagem de negociação em que as partes competem diretamente pelos recursos ou benefícios disponíveis, muitas vezes resultando em concessões limitadas.

Negociação Distributiva: Abordagem de negociação em que os recursos ou benefícios são divididos entre as partes de forma competitiva, muitas vezes resultando em concessões limitadas.

Negociação Integrativa: Abordagem de negociação colaborativa em que as partes buscam criar valor mútuo através da exploração de interesses compartilhados e criação de soluções criativas.

Neutralidade: Estado ou posição de imparcialidade adotada por um mediador ou terceiro durante uma negociação, facilitando um ambiente justo e equitativo.

Objeto de Negociação: Item específico ou área de interesse discutido durante uma negociação, como preço, prazos ou condições de entrega.

Oferta Inicial: Proposta inicial feita por uma parte durante uma negociação, estabelecendo um ponto de partida para discussões e contrapropostas.

Oposição Construtiva: Expressão de pontos de vista divergentes de maneira respeitosa e construtiva durante uma negociação, promovendo a exploração de soluções alternativas.

Pacto de Confidencialidade: Acordo entre as partes envolvidas em uma negociação para proteger informações sensíveis ou estratégicas compartilhadas durante o processo.

Poder de Negociação: Capacidade percebida de uma parte para influenciar o resultado de uma negociação, geralmente baseada em recursos, posição ou conhecimento.

Preparação Prévia: Etapa inicial de pesquisa e planejamento antes de iniciar uma negociação, visando entender melhor as partes envolvidas e seus interesses.

Pressão de Tempo: Fator ou restrição temporal que influencia as decisões e a dinâmica das negociações, podendo afetar a flexibilidade e os resultados finais.

Princípios de Negociação: Normas éticas e valores fundamentais que guiam o comportamento e as decisões das partes envolvidas durante uma negociação.

Processo de Negociação: Sequência estruturada de etapas e interações entre as partes envolvidas em uma negociação, desde a preparação até o fechamento do acordo.

Proposta Final: Versão revisada e finalizada de uma oferta durante uma negociação, incorporando ajustes e concessões feitas pelas partes envolvidas.

Quesitos Não Negociáveis: Termos ou condições específicas que uma parte considera essencial e não está disposta a negociar durante uma negociação.

Reconhecimento de Interesses: Processo de identificar e compreender os interesses subjacentes das partes envolvidas em uma negociação, frequentemente necessário para explorar soluções criativas e construtivas.

Recursos de Negociação: Ativos, habilidades ou vantagens disponíveis para uma parte durante uma negociação, que podem ser utilizados para alcançar um acordo favorável.

Resiliência: Capacidade de adaptar-se e recuperar-se de contratempos ou desafios durante uma negociação, mantendo o foco nos objetivos e soluções.

Resolução de Conflitos: Processo de encontrar soluções para disputas ou diferenças entre as partes envolvidas, frequentemente necessário durante negociações.

Retórica: Uso eficaz de linguagem persuasiva e argumentos para influenciar atitudes e decisões durante uma negociação.

Risco Calculado: Avaliação e gestão cuidadosa dos riscos associados às decisões tomadas durante uma negociação, visando minimizar impactos negativos.

Rotina de Prazos: Calendário ou cronograma estabelecido para cumprir prazos e metas durante uma negociação, facilitando a organização e o planejamento.

Sinalização: Indicação verbal ou não verbal de intenções, interesses ou posições durante uma negociação, influenciando a dinâmica e o desenvolvimento das discussões.

Situação de Ganho-Perda: Abordagem de negociação em que uma parte obtém vantagens ou benefícios à custa da outra parte, resultando em um resultado desequilibrado.

Stakeholders: Indivíduos ou grupos interessados ou afetados pelo resultado de uma negociação, que podem influenciar ou ser impactados pelas decisões tomadas.

Tática de Negociação: Estratégia ou método específico utilizado para alcançar um objetivo dentro do contexto de uma negociação, podendo incluir desde técnicas de persuasão até gestão de tempo.

Tempo de Reflexão: Período deliberado de pausa durante uma negociação para considerar opções, avaliar decisões e garantir a tomada de decisões informadas.

Tomada de Decisão Consensual: Processo de alcançar um acordo por meio de discussões e compromissos entre as partes envolvidas em uma negociação.

Transparência: Prática de compartilhar informações relevantes e honestas durante uma negociação, promovendo confiança e colaboração entre as partes.

Trégua Temporária: Acordo temporário ou pausa em um conflito durante uma negociação, permitindo às partes envolvidas explorar soluções alternativas.

Valoração de Interesses: Avaliação e classificação dos interesses de cada parte envolvida em uma negociação, priorizando questões mais importantes e relevantes.

Vantagem Competitiva: Fator ou recurso que confere uma posição superior a uma parte durante uma negociação, aumentando suas chances de alcançar um resultado favorável.

Veto de Acordo: Ato de recusar ou rejeitar um acordo proposto durante uma negociação, baseado em objeções ou condições não atendidas.

Zona de Possíveis Acordos (ZOPA): Faixa ou intervalo onde um acordo mutuamente aceitável pode ser alcançado entre as partes envolvidas em uma negociação, considerando suas respectivas posições e interesses.

Este glossário abrange uma ampla gama de termos fundamentais relacionados à negociação e persuasão, oferecendo um recurso abrangente para entender e aplicar conceitos-chave neste campo dinâmico e multifacetado.

REFERÊNCIAS E SUGESTÃO DE LEITURA

Para quem deseja aprofundar seus conhecimentos em persuasão e negociação, existem várias obras fundamentais e referências de qualidade. Aqui estão algumas sugestões de leitura que abrangem teoria, prática e estudos de caso:

Livros Sobre Persuasão E Influência:

"Influence: The Psychology of Persuasion" - Robert B. Cialdini
Um clássico que explora os princípios psicológicos por trás da persuasão e como aplicá-los de forma ética e eficaz.

"Pre-Suasion: A Revolutionary Way to Influence and Persuade" - Robert B. Cialdini
Segue os conceitos de "Influence", explorando técnicas para preparar o terreno mental para a persuasão antes mesmo de apresentar o argumento principal.

"Yes!: 50 Scientifically Proven Ways to Be Persuasive" - Noah J. Goldstein, Steve J. Martin, Robert B. Cialdini
Apresenta 50 estratégias práticas e baseadas em pesquisa para aumentar a persuasão em diversas situações.

"To Sell Is Human: The Surprising Truth About Moving Others" - Daniel H. Pink

Examina como todos nós, de vendedores a pais e profissionais de saúde, estamos constantemente engajados em vendas e persuasão.

"The Art of Woo: Using Strategic Persuasion to Sell Your Ideas" - G. Richard Shell, Mario Moussa
Foca em estratégias de persuasão estruturadas para vender ideias e obter resultados.

Livros Sobre Negociação:

"Getting to Yes: Negotiating Agreement Without Giving In" - Roger Fisher, William Ury, Bruce Patton
Um guia clássico sobre negociação baseada em princípios, focando em encontrar soluções que satisfaçam todas as partes.

"Negotiation Genius: How to Overcome Obstacles and Achieve Brilliant Results at the Bargaining Table and Beyond" - Deepak Malhotra, Max H. Bazerman
Explora estratégias e táticas utilizadas por negociadores eficazes em uma variedade de contextos.

"Beyond Reason: Using Emotions as You Negotiate" - Roger Fisher, Daniel Shapiro
Discute como entender e utilizar emoções construtivamente durante negociações para alcançar resultados melhores.

"Never Split the Difference: Negotiating As If Your Life Depended On It" - Chris Voss
Aborda técnicas de negociação desenvolvidas em situações de alto risco, aplicáveis a negociações do dia a dia.

"Negotiating the Impossible: How to Break Deadlocks and Resolve Ugly Conflicts (Without Money or Muscle)" - Deepak Malhotra
Oferece estratégias para resolver conflitos aparentemente insolúveis e alcançar acordos mutuamente benéficos.

Outras Referências e Recursos:

Harvard Program on Negotiation (PON) - O PON oferece uma ampla gama de materiais, artigos e estudos de caso sobre negociação e resolução de conflitos.

The Negotiation Experts - Um site com artigos, estudos de caso e ferramentas práticas sobre negociação.

MIT Sloan Management Review - Publica regularmente artigos acadêmicos e práticos sobre negociação, liderança e gestão.

Essas sugestões de leitura fornecem uma base sólida para entender os princípios fundamentais, estratégias avançadas e aplicações práticas em persuasão e negociação. Cada obra oferece uma perspectiva única e valiosa que pode ser aplicada tanto em contextos profissionais quanto pessoais.

www.ingramcontent.com/pod-product-compliance
Lightning Source LLC
Chambersburg PA
CBHW071831210526
45479CB00001B/82